KB275378

평범한 사람들이 만든
특별한 회사 존 디어

THE JOHN DEERE WAY
Copyright © 2005 by David Magee.
All rights reserved.

Korean translation copyright © 2009 by W Media
Korean translation rights arranged with John Wiley & Sons International Rights, Inc.
through Eric Yang Agency.

이 책의 한국어판 저작권은 에릭양 에이전시를 통한 John Wiley & Sons International Rights, Inc. 사와의
독점계약으로 한국어 판권을 'W 미디어'가 소유합니다. 저작권법에 의하여 한국 내에서 보호를 받는 저작물이
므로 무단전재와 복제를 금합니다.

평범한 사람들이 만든 특별한 회사 존 디어

데이비드 머기 지음 | 조동권 옮김

W 미디어

| 차례 |

머리말 ·존 디어라면 어떻게 했을까   8

:::1 문화를 포용하라 ——————————— 13
적합한 제품을 적기에.......16
일관된 리더십.......18
회사의 신식 아버지.......22
가치는 힘든 시기에 살아남는 힘.......23
미래로 가는 길.......29
인력의 일관성.......34
모두 한 가족.......38
중간자로서 누리는 혜택.......40
땅에 뿌리박다.......44
팀워크의 이점.......45

:::2 품질이 첫째다 ——————————— 47
골드 키.......51
약속을 위한 뒷받침.......54
제조를 넘어.......57

3 혁신을 통해 변화를 창조하라 —————————— 61

획기적인 인수.......64

갈색 슈트의 남자.......68

댈러스의 디어 데이.......69

임무를 반영한 빌딩.......73

제품 재투자의 중요성.......77

새로운 근거를 개척하다.......79

거기서 그치지 않고.......81

4 항상 성실성을 유지하라 —————————— 83

도움의 손.......88

원칙을 고수하라.......90

평등한 운동장.......95

5 약속은 절대 깨지 않는다 —————————— 99

어떤 대가를 치르더라도 제품을 보호한다.......102

딜러망의 힘.......105

고향 리바이벌.......112

제품에 대한 약속.......116

회사에 대한 약속.......118

:::6 제품 못지않게 훌륭한 사업을 이루어라 ————— 121

새로운 사고.......127

한계선을 넘어.......131

넘치는 것보다는 모자라는 것이 낫다.......136

왜 위대한 사업인가.......142

덕은 장기적 성공과 동일하다.......144

성공의 배당금.......146

:::7 브랜드를 살려라 ————— 151

초기의 이미지.......154

디어처럼 뛰는 것은 아무것도 없다.......158

초록색 기계.......161

정성을 들여 브랜드를 판촉하라 163

:::8 모든 관계는 윈 – 윈이어야 한다 ————— 173

회사는 가족이 아니다.......176

상호이익이라는 이점.......179

장기적인 관계.......180

업무 시스템.......181

홈 디포 경험.......184

:::9 **근본의 힘을 바탕으로 성장하라** —————— 191
옳은 방향으로의 성장의 중요성.......195
땅에서 일하는 사람들에게 봉사하기.......202

:::10 **지속되는 성과** ————— 209
자부심과 생산성의 중요성.......213
제품 못지않게 위대한 비즈니스 만들기.......216
존 디어의 약속.......217
초록색의 미래.......218

옮긴이의 말
평범한 사람들에게서 평범하지 않은 결과를 이끌어내는 회사　220

존 디어라면 어떻게 했을까

나는 오늘날 미국 기업의 트렌드를 설명하기 위해 가치를 가장 우선순위에 두는 기업이 어디인가를 찾고 있었다. 내가 별로 길지 않은 리스트를 하나로 압축하는 데는 그리 오랜 시간이 걸리지 않았다.

존 디어는 미국 중서부에 뿌리를 둔 글로벌 기업이다. 대장장이 존 디어John Deere가 1837년 자동 흙털이 철제 쟁기를 발명한 이래 오랜 세월 이어져온 원칙을 기반으로 사업을 해온 회사다. 존 디어의 쟁기는 농업에 획기적인 변화를 가져왔고, 그가 설립한 회사의 주력제품이었다. 그의 회사는 1세기 반 이상 땅과 관련된 상품에 관한 한 세계적인 리더로 성장해왔다.

이 장수 기업의 성공비결을 찾아내는 작업에 착수하기 오래 전부터 나는 존 디어의 농업 관련 제품들에 대해 일반적인 지식은 가지고 있었다. 많은 농민들이 다년간 존 디어의 트랙터, 콤바인 및 여러 종류의 작업기를 사용하며, 변함없는 열정과 신뢰를 갖고 있음을 알고 있었다. 나는 골프나 테니스, 사냥 대신 존 디어 트랙터를 몰고 주말 농장에서 잡목 정리하는 일을 즐기는 의사, 변호사, 사업가들을 알고 있다. 존 디어가 최고의 품질이라는 브랜드 약속으로 자기 상품을 보증한다는 것도 알고 있었다. 또 고객들이 초록색과 노란색이 트레이드마크인 존 디어의 신상품이 나올 때마다 사지 않고 못 배기는 이유가 이 회사의 독특한 전통과 확연한 개성 때문이라는 것도 알고 있었다.

내가 완벽하게 이해하지 못했던 것은 상품과 브랜드를 포함한 존 디어에 대한 깊은 열정, 다시 말해 전 세계의 엄청나게 다양한 개인들 사이를 관통하는 그 열정이었다. 그들 중에는 몇 세대에 걸쳐 가족이 이 회사나 상품과 직접적으로 연관이 있는 사람도 있지만, 그 유명한 노란색 로고가 붙은 초록색 존 디어 장비를 운전은커녕 한 번도 만져본 일조차 없는 이들도 포함되어 있다.

존 디어는 단순히 농업 관련 제품의 선구적인 제조업체로서가 아니라, 땅과 땅에서 일하는 사람들에 대한 흔들림 없는 약속을 통해 가치와 지속의 주류 문화 아이콘으로 수세기에 걸쳐 성장해왔다. 거친 들판의 농민들부터 유행을 좇는 멋쟁이들에 이르기까지 존 디어 브랜드는 오늘날 미국과 세계 여러 지역에서 가장 사랑받는 브랜드 중의 하나다.

농업이 급속히 발전하는 브라질의 농민들은 존 디어 트랙터와 수확 장비들을 애호하고, 배우 애쉬튼 커쳐와 테니스 스타 앤디 로딕 같은 명사들은 존 디어 모자를 쓰고 대중 앞에 나타난다. 존 디어 로고로 장식된 유명한 모자에서부터 잔디깎이 기계, 최첨단 곡물 수확기에 이르는 장비들은 미국 중서부의 작은 도시 멀린에서 맨해튼, 독일과 브라질에 이르기까지, 초록색 바탕에 노란 사슴이 뛰어오르는 트레이드마크 이미지와 잘 알려진 광고 슬로건인 "디어(사슴이란 단어와 발음이 같음)보다 잘 뛰는 것은 아무 것도 없다 (Nothing Runs Like Deere.)"로 대표되는 존 디어 브랜드를 달고 오늘날 하루도 빠짐없이 사용된다.

트랙터와 농업용 장비는 아직도 존 디어 매출의 가장 큰 부분을 차지한다. 일리노이주 멀린에 본부를 둔 이 〈포춘〉 500대 기업의 근본은 여전히 농업과 전원(田園)이지만 30년 이상 브랜드 영역을 소비자 잔디용품, 조경, 잔디 관리, 건강용품, 건설, 삼림장비 같은 분야로 넓혀왔다. 세계적인 영농공동체와의 긴밀한 유대관계는 물론 브랜드의 다양화에 힘입어 존 디어는 북미 농업계의 지속적인 위축 및 대대적인 구조조정에도 불구하고 아직까지도 성장을 지속하고 있다. 회장 겸 CEO 로버트(밥) 레인(Robert W. Lane)의 리더십 아래 존 디어는 연매출 2백억 달러에 4만6천 명의 직원을 고용하고, 세계 160개국에 제품을 팔고 있다.

존 디어 우산 아래 농업, 임업, 건설, 잔디관리 장비사업, 골프 코스 관리, 건강관리 서비스 및 엔진 제조업을 운영하고 있다. 게다가

라이선스도 사업의 한 분야가 되었는데, 172년 역사의 존 디어는 그 어느 때보다 더 막강해진 브랜드로 인해 세계 곳곳에서 이 전원적인 강인함의 상징과 제휴하고자 몰려들고 있다. 이제 사람들은 존 디어 부츠, 존 디어 자전거, 또는 인기 비디오 게임도 살 수 있고, 존 디어 브랜드를 단 수백 가지의 상품과도 접할 수 있게 됐다.

그러나 변하지 않은 것이 있다. 이 회사는 아직도 독립적인 딜러를 기반으로 농민뿐만 아니라 건축가 및 소비자들을 대상으로 마을마다 다니며 고객 서비스를 직접 하고 있다는 것이다. 존 디어의 딜러 대부분은 몇 세대를 거쳐 물려받은 사업을 운영하고 있으며, 많은 고객 가족들이 그들과 함께 발전해왔을 뿐 아니라 변화해온 회사의 제품을 경험해왔다. 원래의 철제 쟁기에서부터 1924년에 출시된 2실린더 모델 D 트랙터, 오늘날의 25만 달러짜리 고성능 9750 STS 콤바인에 이르기까지.

회사의 기본 정신은 일리노이주 멀린에서 세계 곳곳에 산재한 지사에 해를 거듭해 이어져 내려온 교훈인 가치이다. 예컨대, 오늘날 직원들이 중요한 애기를 할 때 진지한 얼굴로 회사 창업자인 존 디어를 인용하는 것은 보기 드문 일이 아니다.

"존 디어라면 어떻게 했을까? (What would John Deere have done?)"

간단히 말해서 1837년에 창립된 회사가 현대적인 리더십과 비전과 새로운 목표 아래에서도 여전히 그 창업자가 전도했던 것과 똑같은 가치를 실천하고 있는 것이다.

대장장이 존 디어는 1837년 처음으로 자동 흙털이 쟁기를 발명하여 찐득거리는 흙을 파느라 고생하는 중서부 농민들을 도와주면서 회사를 시작했다. 현 CEO인 봅 레인은 모든 면에서 지속적으로 높은 수준의 성과를 올리는 회사를 만들기 위해 거의 9년 동안 존 디어의 원칙을 그대로 적용했다.

1세기 반이 넘는 역사 동안 존 디어가 완벽한 회사였던 것은 아니다. 당연히 실수도 있었다. 그러나 좋은 시절과 힘든 시절을 거치며 얻은 교훈들은 매일매일 고객과 직원과 주주들에게 '지속적인 성과'를 보여주기 위해 싸워온 회사의 기초를 더욱 굳건하게 만드는 데 기여했다. 평범한 사람들이 만든 특별한 회사 존 디어의 성공 비결은 이러한 작업의 전제이자 수십 년에 걸쳐 이 회사를 지켜온 바로 그 자질을 찬양하는 모든 이를 위한 첫걸음이다. 바로 '존 디어 방식'을 창조해낸 그 자질 말이다.

문화를 포용하라

존 디어의 직원들은 모든 업무에서 최초의 의사결정과 행동은 진실을 말하기, 다른 사람들을 공정하게 대하기, 회사 제품 및 서비스에 대한 책임지기 같은 요소들을 바탕으로 이루어져야 한다는 사실을 알고 있다.

위대한 회사들의 특징은 오랜 세월 성장해온 독특한 문화를 가진 경우가 대부분이지만 지속적으로 그 일을 해내는 사람들한테도 그 말은 똑같이 통한다. 존 디어의 기업문화를 이해한다는 것은 172년 전, 미국 중서부에서 농업용 쟁기를 만드는 것으로 시작한 회사가 어떻게 고객들로부터 신용, 신뢰, 가치의 상징으로 인정받는 다양한 제품과 서비스를 제공하는 세계적 기업으로 성장할 수 있었는지를 이해하는 일이다.

근본적으로 존 디어의 문화는 땅에 근거를 두고 있으며, 땅에서 일하는 사람들의 가치를 통해서 직원들에게 반영된다. 그 결과는 회사 최고경영자부터 시작해 전사적으로 일관되게 '어떻게 비즈니스가 이루어지는가' 라는 주요한 테마로 나타난다. 존 디어에서는 '어떻게 일을 처리하느냐' 가 단순히 일을 처리하는 것보다 더 중요하다. 설계, 제조, 판매와 관련된 일이건 농업, 임업, 건설장비 또는 잔디관리 용품에 대한 서비스건, 아니면 신용카드 신청이건 모든 업무에서 존 디어의 직원들은 최초의 의사결정과 행동은 진실을 말하기, 다른 사람들을 공정하게 대하기, 회사 제품 및 서비스에 대한 책임지기와 같은 요소들을 바탕으로 이루어져야 한다는 사실을 알고 있다.

이 바로하기 철학은 여러 세대에 걸쳐 직원들이 바뀌어왔음에도 불구하고 창립자 존 디어에서 시작해 지금까지 지속돼왔다. 그렇게 된 데는 여러 가지 이유가 있었지만 가장 두드러진 이유는 단단한 기초, 지속적인 리더십, 미국 중서부의 전통 같은 것들이다. 이 '어떻게'는 사업 수행의 네 가지 신조, 즉 품질quality, 혁신innovation, 성실성integrity, 약속commitment을 바탕으로 하고 있다. 그 신조는 모든 부서, 모든 단계의 의사 결정에 적용된다.

33세의 존 디어가 좀 더 나은 장비를 필요로 하는 고객을 위해 자동 흙털이 철제 쟁기를 처음 팔기 시작한 1837년부터 자신의 생활 신조로 삼고 회사 경영에 주입시킨 바로 그 가치이다.

▮▮▮ 적합한 제품을 적기에

숙련된 대장장이였던 존 디어는 버몬트에서의 사업이 여의치 않자 신개발지에서 새로운 사업 기회를 찾고자 1836년 일리노이주 서북쪽 변방의 그랜드 디투어로 이주했다. 존 디어의 대장간은 쇠스랑, 말발굽, 마차의 철제 부품 등 일련의 제품을 만들면서 성장해갔다. 그러나 그는 그 지역 농민들이 중서부의 찐득거리는 흙을 파는 데 문제가 많다는 얘기를 하는 것을 듣고 호기심이 발동했다. 농민들의 주철 쟁기에 떡처럼 들러붙은 흙은 작업을 몹시 더디고 힘들게 했을 뿐 아니라 쟁기의 흙을 털어내는 데 너무 많은 시간이 소모돼 수익성이 나빴다.

존 디어는 농민들과 얘기를 하고, 시장에 어떤 쟁기들이 팔리고 있는지 조사함으로써 문제를 분석했다. 당시 수십 개 회사의 수천 가지 제품이 팔리고 있었지만 대부분의 제품이 동북부에서 만들어진 것이어서 중서부 농민들을 괴롭히는 문제를 이해하기에는 한계가 있었다. 기본적으로 모든 쟁기들은 똑같았다.

존 디어는 찐득거리는 중서부 흙을 파기에 가장 좋은 수단은 땅을 판 다음 흙이 미끄러져 떨어지는 쟁기가 필요하다는 결론에 도달했다. 1837년, 그는 부러진 철제 톱날을 구부려 자동 흙털이 철제 쟁기를 고안해냄으로써 영농 효율성을 획기적으로 개선했다.

몇 해 동안 그의 쟁기에 관한 소문이 지역 농민들 사이에 퍼지면서 존 디어의 대장간 사업은 기본적으로 농기계 제조와 교역으로 발전했다. 그러나 1839년에 고작 10개, 1840년에 40개, 1841년에 75개의 쟁기를 팔았을 뿐이다. 같은 기간에 미국의 다른 쟁기 제조업체들은 수천 개의 쟁기를 팔았으니 그의 대장간은 형편없이 작은 규모에 불과했다.

그러나 존 디어의 창의성, 기술, 꼼꼼함은 지역 내에서 관심을 불러 모았고, 고객도 늘게 되었다. 그의 쟁기는 적기에 출시된 적절한 제품으로 그에게 미국 농업사에 있어 영원한 한 페이지를 선사했지만, 오늘날의 존 디어 사社가 있기까지 그가 한 가장 큰 공헌은 1886년 일리노이주 멀린에서 사망할 때까지 회사에 불어넣고 지지해준 가치들일 것이다.

'진지하고 꼼꼼한' 사람으로 알려진 존 디어는 그의 시대의 산물이다. 개발이 진행되는 거친 미국 프런티어의 한 부분으로서 그의 카리스마 넘치는 성격은 때로 비타협적인 태도로 비쳐졌다. 그러나 그가 회사를 이끌어간 22년 동안 그의 사업 신조는 일관되었다. 그는 가장 중요하다고 믿는 4개의 핵심 가치, 즉 품질, 혁신, 성실성 그리고 약속이라는 가치에서 절대 벗어나서는 안 된다고 주장했다. 그리고 그는 그 가치들을 스스로 실천했다. 즉 스스로가 남보다 낫다면 다른 사람들도 함께 끌고 가는 것이 그의 책임이라는 이론이다. 그 결과 그는 직원들과 고객들을 공평하게 대했다. 존 디어는 또 미국 남북전쟁 이전은 물론 이후에도 확고한 노예제 폐지주의자로서 자기 사업에 가해질 손해를 겁내지 않고 공공연히 그것을 주장했다. 노예제를 종식시키고 싶은 그의 갈망 때문이었다.

■■■ 일관된 리더십

그의 이름을 딴 회사에서 일하고 있는 4만6천 명의 직원들 사이에 오늘까지 존 디어의 영향력이 강력하게 남아있는 첫째 이유는 비록 그가 처음 자동 흙털이 철제 쟁기를 만든 것이 172년 전의 일

존 디어의 CEO와 재임 기간		
1	존 디어(John Deere)	1837–1859
2	찰스 디어(Charles Deere)	1859–1907
3	윌리엄 버터워스(William Butterworth)	1907–1928
4	찰스 디어 와이먼(Charles Deere Wiman)	1928–1955
5	윌리엄 휴잇(William A. Hewitt)	1955–1982
6	로버트 핸슨(Robert A. Hanson)	1982–1989
7	한스 베커러(Hans W. Becherer)	1989–2000
8	로버트 레인(Robert W. Lane)	2000–현재

이었지만 아들 찰스 디어Charles Deere에게 물려주기 위해 은퇴한 1859년 이래 그 회사에서 CEO로 일한 사람이 7명밖에 없었다는 사실이다. 거의 2세기에 걸친 역사를 보건대 최소한 15명, 아니면 아마도 25명 정도는 될 거라고 사람들은 생각할 것이다. 그러나 놀랍게도 존 디어의 전체 역사에서 디어 가족 5명을 포함해 CEO는 8명밖에 안 된다.

존 디어의 일관된 리더십이 오랜 세월 회사의 비전과 창립 가치를 연결시켜 주었던 것이다. 8명의 CEO들이 그때마다 회사를 위해 가장 좋은 것이라 여겨지는 광범하고도 독립적인 제안들을 받아들여 실천하면서 동시에 그들이 임무를 맡는 그 순간부터 창업자에 의해 주입된 원칙들을 따랐고, 세대를 거치면서 그것을 존 디어 직원들에게 전수했기 때문이다. 존 디어의 리더들은 과거에도 그랬고, 현재도 일시적으로 유행하는 외부의 비즈니스 트렌드들을 따라가기보다는 존 디어의 가치에 집중하고 있다. 그리고 전임자의 강점과 약점 위에 벽돌을 쌓듯이 차근차근 사업을 키워가고 있다. 그 결과 존 디어의 문화는 시간이 지나감에 따라 깊어지고, 핵심가치들은 앞으로도 닻으로서 굳건히 남아있는 것이다.

"나는 현재 우리의 모든 강점이 우리 전임자들로부터 물려받은 성취, 성실성 그리고 힘의 기반 위에 형성된 것이라고 믿는다."

−로버트 A. 핸슨(존 디어 CEO, 1982−1989)

대학 교육을 받은 존 디어의 아들 찰스 디어는 1859년, 21세의 나이에 농기계 제조회사의 경영을 물려받았다. 그는 49년 동안 회사를 운영했는데, 재임기간 동안 존 디어 사를 엄청나게 성장시켰다. 매출을 20만 달러에서 3백만 달러로 키운 것도 업적 중 하나다. 그의 리더십 아래 회사는 여러 가지 변화를 겪었다. 멀린 쟁기 공장이라는 이름은 디어 앤드 컴퍼니Deere & Company로 공식 법인이 되었고, 회사의 첫 지사도 세워졌으며, 결과는 조직의 분산으로 나타나 오늘날 존 디어 경영방식에 강력한 영향을 미치고 있다.

찰스 디어가 1889년 설립한 캔자스시티에서 샌프란시스코에 이르는 5개의 지사는 디어 앤드 컴퍼니와는 별개의 존재로 설립되었지만 존 디어의 이름과 제품이라는 우산 아래 존재했다. 각각의 지사는 존 디어와 사업상 파트너 관계에 있는 별개의 소유주가 개별적으로 대 고객 및 제품 판매 수단을 개발했다. 그러나 각각의 지사는 멀린의 디어 앤드 컴퍼니 본사와 제품 개발이나 정보 공유 면에서는 긴밀히 협조했다.

오늘날까지도 찰스 디어의 영향은 강하게 남아 있다. 전 세계 존 디어의 직원들에게 능력을 존중하는 분산된 시스템과 문화를 통해 의사결정을 할 수 있는 권한이 주어졌기 때문이다. 그러나 오랜 전통의 핵심 가치 정신을 거슬러서는 안 된다. 다시 말해 책임이 있고 행동과 결과에 대해 '어떻게'의 신조를 따르는 한 자유자재로 효율적인 결정을 함으로써 자기 과업을 수행할 수 있는 것이다.

1907년 찰스 디어가 죽자, 그의 사위인 윌리엄 버터워스(William Butterworth 캐서린 디어와 결혼)가 그의 뒤를 잇는다. 변호사인 버터워스는 보수적인 비즈니스맨으로 존 디어 직원들에게 충성심, 신뢰 그리고 서비스를 강조했다. 회사가 현대적인 법인 형태를 취하게 된 것도 그의 재임기간 동안이었다. 회계 및 재정기획을 중앙집중화한 것도 그 중 하나다. 요점만 말하자면 그는 존 디어를 허브로 하는 우산을 만들었고, 제조와 유통 시스템을 강조했다. 1918년 트랙터 제조사업에 뛰어든 중요한 변화도 버터워스 때의 일이었다. 워털루 보이 Waterloo Boy 트랙터 회사를 인수한 그 해는 존 디어 역사상 전환점이 되는 순간이었다.

1928년 버터워스는 미국 상공회의소 회장직을 맡아 은퇴하면서 회사를 존 디어의 증손자인 찰스 디어 와이먼 Charles Deere Wiman 에게 물려주었다. 와이먼의 리더십 아래 회사의 규모는 6천4백만 달러에서 3억4천만 달러로 성장했다. 효율적인 생산과 엔지니어링을 강조한 덕분이었고, 존 디어의 2실린더 트랙터는 미국 농장에 없어서는 안 되는 장비가 되었다. 그의 재임기간은 미국이 대공황과 2차 세계 대전으로 고통받던 시기였다. 가장 중요한 것은 아마도 개인의 성실성을 인정하고 보상하는 와이먼의 능력 덕분에 존 디어가 그 어려운 시기를 무사히 극복할 수 있었다는 사실일 것이다.

"우리는 위대한 사업을 일으키기 위해 투쟁한다. 가장 중요한 것은 어떻게 그것을 하느냐이다."

– 로버트(밥) W. 레인(디어 앤드 컴퍼니의 회장 겸 CEO)

▮▮▮ 회사의 신식 아버지

존 디어 가족의 마지막 경영자 윌리엄(빌) 휴잇William A. Hewitt은 전례가 없는 앞을 내다보는 안목을 지녔다는 점에서 아마도 존 디어 사의 신식 아버지라고 할 수 있을 것이다. 그는 존 디어의 전원적인 중서부 유산에 디자인, 스타일, 국제 감각을 접목시켰다. 도시적 세련미와 전원의 투박함은 존 디어를 세계적 브랜드로 우뚝 서게 하는 데 촉매제 역할을 했다. 1960년대에 시작된 이 변화는 도시적 거칠음으로 가는 오늘날 문화적 이동의 시발점이 되었다. 찰스 디어 와이먼의 사위인 휴잇은 예술, 고급 와인 및 디자인에 감각이 있는 사람으로 1955년에 시작해 재임하는 27년 동안 자기 취향을 일찍부터 존 디어 사와 그 제품에 접목시켰다.

소비자의 눈에 존 디어가 품질만이 아니라 스타일에서도 다른 브랜드를 뛰어넘는 현대적이고 화려한 브랜드로 탈바꿈하는 회사로 비친 것도 휴잇 시절이었다. 휴잇은 자기 이전의 리더들과 직원들에 대해 따뜻한 감사의 마음을 갖고 있어 동료 직원들에게 보수적 지혜와 리더십에 관한 지난 얘기들을 자주 인용했다. 세계적 자신감과 취향을 가미하면서도 가치를 기반으로 한 문화를 재확인하는 수단의 하나로 이를 이용한 것이다. 1982년 그가 은퇴했을 때(주 자메이카 대사를 역임한 후 나파밸리로 이주한다) 존 디어는 농기계의 세계적 제조업체가 되었을 뿐 아니라 그 제품은 가치, 스타일 및 수명에서 타의 추종을 불허했다.

▗▖ 가치는 힘든 시기에 살아남는 힘

가족이 아니면서 최초의 CEO가 된 사람은 로버트(밥) 핸슨Robert A. Hanson으로 1982년 빌 휴잇의 뒤를 이었다. 존 디어가 회사를 창립한 지 145년 후의 일이다. 더 이상 힘들 수 없는 시기였다. 1970년대 미국의 영농 붐이 1980년대 초의 고통스러운 경제 불황에 자리를 넘겨주던 때가 우연히도 핸슨의 재임기간과 겹친다.

1970년대는 농기계 회사에는 최고의 기간이었다. 생산성은 향상돼 기록적인 생산량을 쏟아냈고, 수출 수요의 증가와 맞물려 완벽한 수요 공급 시나리오를 만들어냈다. 한편 1980년대는 1970년대의 호황과 맞먹는 불황이었다. 예컨대, 미국 농기계 매출이 최고의 기록을 세운 바로 그 다음해 지미 카터 대통령은 소련에 곡물 수출

금지 조치를 내린다. 수요는 급감하고, 가격은 곤두박질쳤다. 농민들은 생산량이 늘 때 산 장비값을 갚을 수가 없었고, 농토와 관련 상품의 가격도 현저하게 하락했다.

농기계 제조업체들의 고통은 극심했다. 존 디어는 1986년 2억2천9백만 달러의 손실을 기록했는데, 53년 만에 처음 있는 적자였다. 1987년에도 1억9천만 달러를 손해봤다. 멀린 출신에다 전직 권투선수였던 핸슨의 파이팅 정신과 리더십은 존 디어가 경쟁사들보다 훨씬 나은 상태로 불황에서 탈출하는 데 기여했다. 존 디어는 계속 제품에 투자했고, 핸슨 재임기간 동안 실제로 25억 달러 이상의 매출 신장을 기록했다.

사실, 1980년대가 힘들기는 했지만 역사적으로 보면 그 기간은 회사의 사업이 진화하는 데 중요한 기간이기도 했다. 필요했던 여러 가지 개혁이 집행되어 나중에 도움이 되었기 때문이다. 게다가 거의 10년 동안 신규채용은 기본적으로 하지 않은 반면 수천 명이 해고됐다. 예컨대 미국 농업 전성기라고 할 수 있는 1979년에 존 디어에는 6만5천 명의 직원이 있었는데, 그 수는 15년 후 절반 이하(3만1천5백 명)로 줄어든다.

긍정적인 측면은 창립 150주년에도 존 디어의 문화는 여전히 굳게 지켜져 왔다는 점이다. 불황 때 살아남은 직원들은 존 디어의 가치에 근거한 문화를 가장 충실히 경험하고 습득한 사람들이었다. 일종의 선택적인 직원 감축 전략이 더욱 실력 있는 직원들만 남는 구조조정을 하게 했고, 전사적으로 벌인 품질, 혁신, 성실성 및 약속 강화에서 살아남게 했기 때문이다.

존 디어의 '진짜 가치Genuine Value' 프로그램은 회사가 힘든 불황을 탈출하여 더욱 군살 없고 다양한 제조업체로 태어나게 했다. 이 프로그램은 1987년에 존 디어 사의 사장이었고, 1989년에 회장 겸 CEO가 된 한스 베커러Hans W. Becherer에 의해 추진되었다. 베커러는 '진짜 가치'를 전반적인 비용절감, 재고 줄이기, 사업 분화를 통해 각 조직을 강화하는 발판으로 삼았다. 그 결과 각 조직은 본사의 인사부로부터 지원을 받아 각각의 비즈니스가 독립적으로 성장하고 번성하며 수익을 올릴 수 있게 되었다.

"가치에 대한 우리의 약속은 과거 우리 고객으로부터 존경받았고, 미래에는 우리 비즈니스의 성공을 보장해줄 것이다."

– 한스 W. 베커러(디어 앤드 컴퍼니의 전 회장 겸 CEO, 1989–2000)

독일 이민자의 아들인 베커러는 디트로이트에서 성장했고, 하버드 비즈니스 스쿨을 졸업했다. 독일 공군에서 복무하는 동안 뮌헨 대학에서 석사 후 과정을 수료했고, 1959년 프랑스 처녀 미셸과 결혼했다. 1966년 존 디어에 입사했는데 회사가 지향하는 바가 자신의 가치와 맞았고, 회사가 마침 전 세계로의 확장을 시작하던 때였다. 그러나 하버드 동료들에게 졸업 후 트랙터 회사에서 일하기 위해 중서부로 갈 것이라고 말하자 많은 사람들이 킬킬거리며 비웃었다. 월급도 그 어느 회사보다 적었고, 어느 모로 보나 그는 미국의 농장이나 들판에 관한 지식이 전무한 도시 청년이었던 것이다.

"나는 국제적으로 성장하기 시작한 회사, 내가 변화를 만들어낼 수 있는 회사, 그리고 평범하지 않고 색다른 회사에서 일하고 싶었다." 베커러의 말이다. "그것은 잘한 결정이었다. 왜냐하면 내 기억으로는 존 디어의 어느 누구도 내가 옳지 않다고 생각하는 일을 회사 이름으로 요구하지 않았기 때문이다."

베커러는 존 디어의 매출을 거의 두 배로 늘렸고, 사상 처음으로 10억 달러의 이익을 냈다. 전 세계로의 확장과 제품의 성장, 게다가 1980년대 농기계 업계의 극심한 불황에 뒤이어 주요한 개혁들을 성공시킴과 동시에 사업 다각화를 밀어붙임으로써 가능했던 일이다. 그러나 2000년 베커러의 은퇴 계획이 가까워오면서 농기계업계는 또 다른 불황에 접어들기 시작했다. 미국 산업계의 당시의 불안정을 감안할 때 존 디어에는 리더십의 방향 제시가 절대적으로 필요한 때였다. 회사 안팎에 후임자에 대한 소문이 무성했다. 회사 역사상 리더십의 방향 제시가 불확실하기는 아마 처음 있는 일이었을 것이다. 존 디어에는 내부에 새로운 세기를 이끌어갈 충분한 자질이 있는 인재들이 몇 명 있었다. 그러나 1837년 창업자 이래 길지 않은 존 디어 리더십 리스트를 이어갈 만큼 확실하게 두드러진 인물은 아무도 없었다.

베커러는 후임경쟁자들을 놓고 비공식 테스트를 했다. 여러 가지 다양한 환경에서 그들의 능력을 평가하기 위해 각자에게 각각 다른 지위를 부여했다. 가능성이 높은 그룹에 로버트(밥) 레인Robert W. Lane 이 들어 있었다. 그는 1997년 CFO(재무담당 최고책임자)로 승진했고, 1998년에는 유럽, 중동 및 아프리카 담당 부사장으로 승진했다.

이사회와 긴밀한 유대관계를 가지면서도 궁극적으로는 최종 결정권자로서 베커러는 자신의 후임으로 레인을 선택했다. 결정은 무엇보다도 밥 레인이 존 디어의 성공의 핵심으로 강조되어온 가치들을 실제로 체험하고 실천한 것을 알기 때문이라고 말했다. 레인은 2000년 5월 CEO가 되었고, 8월에 회장이 되었다. 베커러는 이 변동을 존 디어에서 자기가 한 일 중 가장 중요한 일로 생각한다고 말했다. 가치에 근거한 리더십이 회사에 지속되도록 해주었기 때문이라는 것이었다.

베커러의 말에 따르면 많은 기업들이 리더십 승계 계획을 세울 때 각각 다른 기준을 적용한다고 한다. 그러나 그와 디어 앤드 컴퍼니 이사진은 비즈니스를 개선시킬 새로운 기회를 찾으면서 동시에 회사의 가치를 지속시킬 인물을 원했다고 한다. 그 결정을 함에 있어서 베커러는 개인적인 친분이 결정에 영향을 미치지 않도록 하기 위해 그 어느 지원자와도 사적으로 가까워지지 않았다고 한다.

"나는 그들 모두와 잘 지냈다"고 베커러는 말했다. "그리고 그들과 우정을 나눌 수도 있었지만 절대로 개인적으로 가까워지지 않으려 했다. 옳은 지도자를 얻으려면 개인적인 선택을 해서는 안 되기 때문이다. 많은 회사들이 이 점에서 실패한다."

일단 결정이 내려지자 베커러는 순조로운 승계가 이루어지도록 레인과 긴밀히 일했다. 그리하여 그것은 존 디어 리더십 역사의 일부분이 되었다. 레인은 사장 직함을 받고 회장 옆 사무실로 옮겨 변화를 준비하기 시작했다.

존 디어 리더십이 고위직에서 얼마나 리더십 승계를 정성껏 하는지 말해주는 상징적인 한 사례가 있다. 세대를 거쳐 이어져온 핵심 가치를 유지하면서 새 리더의 아이디어를 채택하는 과정에서 생긴 일이다. 한스 베커러는 개인적으로는 반대하면서도 존 디어 세계본부의 드레스 코드를 '비즈니스 정장 business attire'에서 '적절한 차림 smart dress'으로 바꾸는 데 동의했다. 특별한 지시가 없는 한 직원들이 사무실에서 캐주얼 복장을 해도 되는 환경을 설명하기 위해 레인이 사용한 용어다.

베커러는 대단히 사무적인 사람으로 1990년 후반 미국 기업의 복장 문화가 캐주얼로 바뀌어 가는 것을 좋아하지 않았다. 반면 레인은 그 변화가 존 디어의 변화하는 기업문화를 반영하는 데, 그리고 직원 채용에 도움이 된다고 믿었다. 그러나 이 변화가 리더십의 변화와 동시에 일어나 마치 레인의 개인적인 취향과 상관있는 것처럼 비쳐져서는 안 된다고 믿었다. 좀 더 점잖은 비즈니스 정장을 선호했던 자신의 취향에도 불구하고 베커러는 후임자가 원만하게 승계하는 것을 돕기 위해 자기 재임 중에 '적절한 차림'으로의 변화를 발표했다.

베커러는 말했다. "한 지도자에서 다른 지도자로의 이러한 기풍의 승계는 늘 있어온 일이다. 회사는 우리 모두보다 훨씬 더 크다.

우리는 단지 그것을 한 세대에서 다음 세대로 효율적으로 전달하고 싶을 뿐이다."

▮▮▮ 미래로 가는 길

1949년 11월 14일, 워싱턴 D.C.에서 태어난 봅 레인은 1972년 일리노이주 휘튼에 있는 휘튼 칼리지를 우등으로 졸업했고, 1974년 시카고대학에서 MBA 학위를 받은 후 시카고 퍼스트 내셔널 뱅크에 취직했다. 고등학교 때는 조정선수였고, 대학에서는 수영팀 멤버였던 레인은 휘튼에서 아내 패티를 만났다. 그들은 결혼했고, 1970년대 독일 지사로 전근되었다.

한때 일리노이주 록아일랜드(멀린과 인접한 도시)의 어거스타나 칼리지의 수영 팀과 경쟁한 일이 있었음에도 불구하고 레인은 대학 2학년 때까지 존 디어에 관해 잘 알지 못했다. 아이러니하게도 그의 아내는 멀린 출신이었고, 그의 존 디어 첫 경험은 그녀의 집을 방문했을 때였다. 관광객으로 도시 이곳 저곳을 구경하면서 이 회사의 본부를 본 것이다.

그러나 진짜 첫 경험은 은행가로서였다. 존 디어는 시카고 퍼스트 내셔널 뱅크에서 그의 고객이었고, 회사의 가치와 브랜드의 강점을 알기 시작하게 된 것도 그 관계를 통해서였다. 실제로 한 대형 존 디어 딜러의 주인은 오래 전 젊은 레인이 그에게 전화를 한 일을 기억하고 있다. 남부에 있는 스트리블링 이큅먼트의 제리 스완슨은 레인이 미시시피주 잭슨으로 날아와 거래를 하자면서 존 디어 이름에 값하는 품질과 서비스를 보장하겠다고 한 일을 얘기했다.

독일에서 레인은 시카고에 본부를 둔 한 은행의 중역이 될 코스를 밟으며 금융에 재미를 붙이고 있었는데, 존 디어를 인터뷰할 기회가 오자 매력을 느끼고 인터뷰에 응했다. 1981년 11월, 레인과 패티는 시카고에서 멀린까지 운전을 해서 인터뷰를 하러 갔다. 마침 그 날이 레인의 생일이었는데, 그들은 시카고 심퍼니 연주회 티켓을 선물로 받아 금요일 저녁에 음악회에 갔다가 일요일 아침 일찍 인터뷰를 하기 위해 멀린까지 3시간을 운전해서 갔다. 그가 기억하기로 음악회는 세계적 수준이었다. 다음날 멀린까지 가면서 그는 존 디어도 마찬가지라고 생각했다. 레인은 존 디어에서 보기 드문 세계적인 기회를 열어준 것은 바로 이 독특함이라고 믿었다.

레인의 가족은 독일에서 멀린으로 이주해 1982년 건설 및 삼림장비 부문의 재정을 담당하는 일을 했다. 레인은 말했다.

"나는 존 디어가 모든 면에서 세계에서 최고라는 속성을 갖고 있다는 것을 알고 있었다. 은행에서의 내 일을 좋아했지만 세계적인 회사에서의 이번 기회가 훨씬 더 낫다고 생각했다. 그래서 좀 더 국제적이 되기 위해 이 작은 시골로 왔다."

3명의 아이들이 딸린 레인 가족은 곧 콜로라도주 덴버로 전근돼 5년 동안 일했다. 그리고 나서 멀린 근처에서 살다 다시 독일로 보내졌는데, 이번에는 존 디어의 직원으로서였다. 레인의 경력은 해외에서 더욱 빠른 속도로 발전했다. 그러나 그는 존 디어에서의 미래에 높은 자리가 자신에게 있을 거라고는 생각지 않았다. 레인은 존 디어 크레딧 사에서 최고 운영책임자(COO)로, 디어 앤드 컴퍼니에서는 최고 재정책임자(CFO)로 세계 곳곳의 농기계 회사의 수석 부사장 및 사장을 역임했으며, 2000년 베커러의 뒤를 이어 회장 겸 CEO가 될 때까지 세계 곳곳의 조직을 맡아왔다.

존 로슨John Lawson은 2001년 수석부사장으로 은퇴하기까지 40년 이상 이 회사에서 일했다. 그의 기억으로는 봅 레인은 가장 먼저 최고위직을 이어받을 인물 리스트에는 들어 있지 않았다고 한다.

"레인은 갑자기 어디에선가 나타났다. 그러나 그는 이 대단한 회사를 이끌어갈 핵심 가치를 지니고 있었다."

당시에는 아무도 몰랐지만 봅 레인 역시 농업과 관련된 중요한 유산을 물려받은 사람이다. 봅 레인의 먼 친척인 존 레인John Lane과 관련된 일이다. 역사가들은 이제 1800년대에 최초로 철제 쟁기를 발명해낸 것이 실제로 존 레인이었다는 사실을 믿는다. 디어 앤드 컴퍼니에서는 오랫동안 존 디어는 철제 쟁기를 처음 만든 사람이 아니라 그것을 상업적으로 성공시킨 최초의 인물이라는 사실을 역설해왔다. 또한 레인의 쟁기는 디어의 그것과는 많이 달랐다.

1793년 존 레인은 일리노이주 호머 타운십에 있는 마을 북쪽 끝에 사는 대장장이였다. 1830년대 초 농민들은 존 레인에게 그들이 미국 동부에서 중서부로 이주해올 때 가져온 낡은 목제 쟁기를 개선해줄 수 있는지 늘 물었다.

존 레인은 자기 대장간에서 오래되고 무뎌진 톱날에서 얻어낸 유연한 쇳조각을 가지고 실험을 했다. 존 레인이 잘 아는 어떤 사람이 그 쇳조각을 나무틀에 부착했고, 호머 타운십의 한 농민이 그 쟁기를 다섯 내지 여덟 마리의 소가 끌게 해 찐득거리는 일리노이주 땅을 갈아엎었다. 존 레인은 근처 록포트로 옮겨 쟁기 제조업을 시작했다.

1850년대 그는 파트너를 구해 '레인의 주철 쟁기' 판매를 위한 광고를 시작했다. 그러나 자기발명품의 특허를 내지는 않았고, '땅의 친구들'과 기꺼이 자기 작품을 나눠 쓸 용의가 있었다고 전해진다.

철제 쟁기를 상업적으로 더 성공시킨 것은 존 디어였다. 존 디어는 자신의 독특한 디자인에 특허를 내고 오늘날 농기계 업계에서 세계적 기업이 된 회사를 차렸다. 그 회사를 지금 존 레인의 먼 후손이 운영하고 있는 것이다.

봅 레인은 이 얘기가 무척 재미있다고 생각한다. 그래서 자기 선조의 발명품을 되찾아가기 위해 존 디어에 돌아왔노라고 농담을 하곤 했다. 호머 타운십 구가로 7번가 동북쪽 코너에는 이런 기념비가 설치돼 있다.

〈1833년 이 농장에서 최초로 철제 쟁기를 만든 존 레인을 기념하여〉

봅 레인은 그의 선조들이 존 디어 가족만큼 기업가정신이 없었다는 것을 인정하며, 특허가 존 디어에게 남아 있는 것에 대해 감사한다. 결국 전 세계 수백만 명의 고객들에게 172년 동안이나 봉사하는

창업자 존 디어

회사를 만든 장본인이니까. 그는 자신의 도전이 존 디어의 유례가 없는 완벽한 유산을 직원들 사이에 더욱 강화시키고, 미래의 사업을 더욱 굳건히 만들 새로운 계층을 만들어가는 것임을 알고 있다.

일리노이주 멀린의 존 디어 본부 2층에 있는 사무실에 손님들을 맞아들일 때, 레인은 사업 이야기를 시작하기 전에 즉각 손님들을 회의실에 몰아넣고 짧은 역사 강의를 듣게 한다. 회의실 한가운데 서서 창업자 존 디어의 초상화를 가리키며 그가 어떻게 회사의 핵심 원칙들을 만들어냈는지에 대해 설명한다.

벽면은 은퇴한 존 디어의 역대 지도자들의 초상화로 덮여있고, 레인은 그 하나하나 앞에 멈춰 서서 재임기간 동안의 업적과 그 각각의 지도자들이 어떻게 일종의 기품을 다음 세대로 전달했는지를 분명히 밝힌다. 그는 말했다.

"존 디어는 밧줄로 과거에 묶여 있지만 끊임없이 앞으로 나아가고자 애쓴다. 과거에 무엇을 성취했으며, 어떻게 그것이 가능했는지를 알아야만 미래에 필요한 것을 결정할 수 있다."

레인이 취임했을 때 몇 가지 일은 아주 잘 정립되어 있었다. 회사는 항상 대단한 제품을 생산하고 있었다. 원래 기반인 북미 대륙보다 훨씬 더 광범한 지역으로 사업도 이미 확장되어 있었다. 핵심가치도 여전히 잘 지켜지고 있었다. 물론, 제품은 늘 개선되어야만 하고, 충분히 확장해야 할 준비가 되어 있는 분야도 많았다. 그러나 한 회사가 앞으로 뻗어나가고, 위대하고 지속적인 회사로 확고히 자리잡기 위해서는 계속해서 힘을 키워야 할 뿐 아니라 기초 위에 새로운 층을 계속해서 쌓아야만 한다.

레인은 취임 후 새로운 주도권을 쥐기 위한 일에 착수했다. 전임자들이 쌓아놓은 힘 위에 계속 새로운 힘을 쌓아올림으로써 상징적인 존재가 되기로 작정한 것이다. 어떻게 그것을 이룩할 것인가를 생각하면서 레인의 지휘 아래 존 디어의 미션은 이 회사의 제품 못지않게 위대한 비즈니스를 구축하는 데만 확실히 초점을 맞추는 것으로 정착되었다.

■■■ 인력의 일관성

창사 이래 존 디어는 안정된 중역진에 이직률도 매우 낮았지만 장수와 일관성이라는 점에서 세계 주요 기업 중 가장 신뢰할 수 있는 인력구조를 가진 회사로 확고히 자리잡았다. 2000년 존 디어의 생산직 직원의 평균 재직연도는 22년에 이르렀다. 비슷한 직종에서 전국 평균이 9년이었고, 농기계 제조업과 건설 장비 제조업의 평균은 4.9년과 10.4년이었다. 간단히 말해서 전 세계적으로 확장하고 더욱 광범한 분야에서 직원들을 채용했음에도 불구하고 존 디어는 대부분의 다른 미국 기업보다 훨씬 더 오랜 기간 직원들을 고용하고 있다. 직원들의 반 정도가 20년 이상 근무한 것이 그 증거다.

아이오와주 워털루에 있는 트랙터 생산 라인에서건, 또는 일리노이주 이스트 멀린의 존 디어 하비스트 워크스에서건 직원들은 세대를 건너 회사의 사훈을 다음 세대에 전달했다. 핵심 가치와 품질에 대한 약속을 반영하는 사훈이었다. 새 직원들은 나이 들고 경험이 더 많은 직원들로부터 들은 이야기와 작업장의 전례를 통해 마치 부모가 집에서 자녀들을 가르치듯 교육받았다. 본사에서도 마찬가지다. 멀린에 있는 존 디어 본부의 복도를 걸어가면서 보면 모든 사람들이 거의 모든 사람들을 서로 잘 알고 있는 것을 확실히 알 수 있다. 대부분이 너무나 오랫동안 함께 일해 왔기 때문에 직급과도 상관이 없다. 하도 오랫동안 같이 일했기 때문에 비록 서로 친한 친구 사이가 아니더라도 동료 직원의 일상 가운데 일어난 특별한 사건을 다 기억한다.

존 디어에서는 근속 30년 된 직원이 너무나 흔히 있는 일이라 근속 20년 된 직원들이 스스로를 '신입사원'이라고 부르는 일도 흔하다. 그들은 외부인들에게 왜 직장생활 중반에 이 회사에 입사하게 되었는지 설명할 필요를 느낀다. 그리고 직원들이 조기퇴직을 할 때 동료 직원들은 왜 그들이 그렇게 빨리 퇴직하고자 하는지 이해하기 어려워한다. 마이크 오어Mike Orr가 좋은 예다. 그는 대학에서 가르치는 일과 은행에서 잠시 일한 끝에 1974년 당시 회장 겸 CEO인 빌 휴잇 밑에서 일하기 시작했다.

오어는 29년 근속 후 수석 부사장으로 은퇴했는데, 지역사회와 자선활동에 좀 더 시간을 할애하기 위해서였다. 재무 지원부서의 책임자를 끝으로 은퇴했는데, 재직 29년 동안 8명의 CEO 중 4명을 모셨다. 그럼에도 불구하고 장기근속을 지향하는 이 회사의 문화 때문에 동료들은 그가 은퇴했을 때 그의 '조기' 퇴직을 놓고 말이 많았다. 오어는 말한다.

"경제지 같은 데서 평생직장 개념이 바뀌고 있다는 기사를 많이 본다. 존 디어에서는 장기근속에 대한 약속이 현실이다. 그래서 29년이나 일하고 나서도 나는 왜 내가 그렇게 일찍 퇴직하는지 사람들에게 설명해야 했다. 몇몇 사람들은 이해를 못하더라."

그렇게 장기근속자가 많은 기록을 세운 것은 상급 직책에 공석이 생겼을 때 많은 경험을 쌓은 사람들이 충분히 있었기 때문에 자주 내부에서 승진을 시킬 수 있었다는 것을 의미한다. 이것은 더 나아가 존 디어의 인력이 늘 창립 원칙에 충실해왔음을 설명한다. 대부분의 매니저들이 똑같은 오랜 전통의 도제 시스템을 통해 훈련받았다. 게다가 내부로부터의 리더십이라는 스타일이 높은 자리를 밖에서 채용해야 할 필요를 못 느끼게 했다. 어차피 외부 인사들은 농업과 농기계 산업의 복잡함을 이해하지 못할 수도 있기 때문이었다.

"농업이란 그 자체가 매우 독특하다"고 오어는 말한다. "일반 대중도 이해하지 못하는 사업이다. 존 디어의 고객과 딜러망 그리고 회사가 오랜 세월 사람들에게 해온 약속을 이해하는 데는 오랜 경험이 필요할 수도 있다. 다른 사업에서 성공한 사람을 밖에서 데려오는 것보다는 이런 특질을 갖고 있는 사람 중에서 뽑는 것이 성공할 확률이 높다. 밖에서 온 사람이 이 독특한 사업에 성공하리라고 가정할 수는 없는 것이다."

1980년대 농업 불경기 동안 채용을 동결한 결과 직원 수가 축소됨으로써 존 디어의 직원들이 고령화됐기 때문에 새로운 세대의 리더들을 구축하기 위한 노력의 일환으로 오늘날 신규 채용은 대부분 대학에서 뽑는다. 필요에 따라 중견사원도 뽑긴 하지만 이 직원들에게도 다른 사람들과 똑같이 '존 디어 방식으로 사업하기' 교육이 실시된다.

새 세대 리더 발굴 책임을 맡은 베테랑 중의 한 사람이 존 젠킨스 John Jenkins 이다. 존 디어의 월드와이드 커머셜과 소비자 장비본부의 사장으로, 붙임성 있으면서도 억척스러운 사람이다. 젠킨스가 수장으로 있는 부서는 다른 부서에 비해 젊고 유능한 매니저의 수가 상대적으로 많다. 이 본부에서 만드는 제품, 즉 다용도 차, 전지형 만능차, 풀베기 기계 등을 사는 고객의 프로필과 제품의 성격 때문이다.

본부의 재정 담당업무를 떠나 젠킨스는 헬스케어 본부의 사장이 되었다. 처음으로 경영부서에 간 그는 어떻게 본부의 기준과 맞게 경영을 하는가에 대한 수칙 같은 것이 몇 권이나 있을 줄 알았다. 그러나 아무 것도 없었다. 대신 지난 수년간의 경영은 수천 페이지의 서류를 쌓아놓는 것 대신 어떻게 비즈니스를 할 것인가에 대한 간단명료한 메시지에 초점을 맞추고 있었다.

젠킨스는 존 디어 방식은 핵심 가치들을 따름으로써 삼투압처럼 저절로 익혀지는 것이라는 오어의 평가에 동의한다. 물론 시간이 지나감에 따라 모든 것은 변한다. 존 디어가 세계 곳곳으로 더욱 확장함에 따라 비즈니스를 운영하는 적절한 방법을 매뉴얼이나 지침으로 문서화할 필요도 있을 수 있다. 그럼에도 불구하고 관료주의를 제한하고 직원들이 서로 배우는 존 디어의 전통은 여전히 강조되고 있다.

▋▋ 모두 한 가족

존 디어 직원들은 회사에서 함께 보낸 시간이 많을 뿐만 아니라 많은 직원들이 또한 수세대에 걸친 존 디어 집안 출신이기도 하다. 그것은 존 디어가 사업을 하는 많은 지역사회에서 전반적인 안정성, 명성, 후한 퇴직수당 등으로 가장 선호되는 직장이기 때문에 생긴 일이다.

자기 어머니나 아버지가 존 디어에서 40년 일한 직원들을 찾는 것은 어려운 일이 아니다. 할아버지끼리 같은 회사에서 일한 직원을 찾는 것도 어렵지 않기는 마찬가지다. 존 디어에서 형제 자매, 사촌, 삼촌들이 일하는 사람들도 있다. 이 가족들에게는 존 디어의 교훈과 전통이 생활의 한 방식으로 전승돼왔을 뿐 아니라 새 세대가 첫 월급을 받기 훨씬 이전부터 이해되어 왔다.

짐 콜린스Jim Collins는 이 회사에 40년 동안 근무했고, 아직도 정력적으로 일하고 있는 사람 중 하나다. 현재 콜린스는 멀린 다운타운에 있는 존 디어 재단을 운영하고 있다. 그의 아버지는 37년 근무 후 은퇴했고, 형은 39년 동안 이 회사에서 일했다. 존 디어 방식은 족보와 마찬가지로 그의 유산의 한 부분이다. 그런 유산을 물려받아서는 일을 제대로 하지 않을 수 없다. 그의 말이다.

"사람들한테 잘 하지 않을 수가 없는데, 그것은 회사뿐 아니라 가족과 관련된 일이기 때문이다."

존 디어 헬스케어의 수석부사장이자 법률고문인 비키 그레이브스Vicki Graves의 경우도 마찬가지다. 20년째 존 디어에 근무하고 있는 그레이브스의 고조부는 목재가 쟁기의 주요 자재였던 시절에 존 디어의 '목재부서'에서 일했다. 증조부는 존 디어에서 50년 동안 트랙터에 페인트칠하는 일을 했다. 할머니는 1920년대 존 디어의 비서로 몇 년 동안 일했고, 아버지는 거의 40년 가까이 일한 뒤 부품 정보 매니저로 은퇴했다.

제5세대 직원인 그레이브스는 다른 많은 사람들과 마찬가지로 직원이 결코 가치와 타협하는 것을 허용하지 않는 회사에서 일함으로써 그의 가족이 많은 혜택을 누릴 수 있었음에 감사한다.

"우리 집안에는 2명의 블루 컬러, 1명의 핑크 컬러, 2명의 화이트 컬러가 있었다." 그녀는 말한다. "회사 전체, 그리고 오랜 세월에 걸쳐 우리가 비즈니스를 하는 방법은 너무나 잘 정의되고 인식되어 있기 때문에 어느 부서에서 일하느냐는 중요치 않다. 헬스와 인슈어런스 부서에서도 잘 실천되고 있다. 전 세계 곳곳에 있는 모든 부서에서 실천되고 있는 것과 똑같다."

리더십과 인력의 지속성, 그리고 가르치고 배우기를 대를 물려하는 스타일 말고도 존 디어 문화는 일을 처리함에 있어 요란하지 않고 결과를 중시하는 접근방식에 뿌리를 두고 있다. 숏 커트는 눈살 찌푸림의 대상이 되고, 공주병 환자는 부서와 상관없이 존재하지 않는다. 그리고 분산된 회사의 성격 때문에 문제는 발생 원천지에서 해결하고, 각 부서는 각각의 경쟁적인 프라이드를 갖고 있는 것이 이 회사의 문화다.

존 디어 직원들은 결정을 내릴 때는 물론 합리적인 계산에서 발생하는 위험부담을 감안해야 할 때에도 거의 모든 경우 대단히 보수적이다.

비전과 성격에서는 존 디어가 세계적일지 모르지만 회사가 태어났고 아직도 존재하고 있는 땅과 마찬가지로 존 디어는 매일매일 비즈니스에 접근하는 방법이나 스타일에 있어서는 대체로 주류이자 중도에 속한다.

"우리는 절대로 첫째나 꼴찌가 되기를 원하지 않는다." 은퇴한 존 디어의 중역 존 로슨의 말이다. "그게 존 디어가 위치한 자리다. 우리는 동부도 아니고 서부도 아닌 중간에 있다. 우리는 농기계 회사로 시작했고, 제품의 95%가 아직도 땅과 흙에 근거한 것들이다. 사람들에 대해서도 비슷한 경향이다. 존 디어에는 튀는 사람이 그다지 많지 않다. 그럼에도 불구하고 슈퍼스타가 아니라 많은 사람의 성취에 의해 세계적인 리더로 존재한다."

어떤 직원들은 존 디어가 중서부 시골 회사로 정의된다는 생각에 발끈하기도 한다. 그들은 오늘날 회사가 어느 한 지역의 회사라고 하기에는 너무나 세계화되어 있음을 지적한다. 어쨌거나 존 디어 직원의 40% 정도가 미국 밖에서 일한다. 존 디어의 힘이나 세계화에도 불구하고 그 문화가 여전히 굳건히 지속되는 것은 한 발을 아직도 중서부 토양에 굳게 뿌리박고 있기 때문이라는 데 이론의 여지가 없다.

쿼드 시티(4개의 도시)는 미시시피강을 따라 있는 2개 주의 4개 도시로 구성된다. 주변의 다른 많은 소도시들이 자기들도 쿼드 시티 지역의 일부라고 주장한다. 일리노이주 멀린은 디어 앤드 컴퍼니의 세계 본부가 있는 곳이다. 멀린은 일리노이주 록아일랜드, 아이오와주의 데븐포트 및 베텐돌프와 인접한 도시로서 쿼드 시티의 4개 핵심 요소 중 하나다.

1980년대까지만 하더라도 이 지역은 세계 농기계업체들의 수도로 알려진 곳이었다. 당시 이 지역의 중장비 제조업체로는 J.I.케이스, 인터내셔널 하비스터, 캐터필러 같은 회사를 들 수 있다. 그 모든 공장들이 지금은 문을 닫았다. 존 디어만이 이 지역 최고의 고용주로 존재하고 있다.

코스모폴리탄 센터로 알려지지는 않았지만 쿼드 시티는 확고하게 중서부 가치를 기반으로 하고 있으며, 겸손하면서도 독특한 분위기를 지니고 있다. 중심지역은 인구가 거의 40만 명에 이르지만 이 도시들은 때로는 작은 지역사회의 느낌을 풍기면서도 각각의 정체성을 유지하고 있다.

신입사원에서부터 회장에 이르기까지 존 디어의 거의 모든 직원들이 월마트에서 쇼핑을 한다. 사람들은 같은 교회에 나가고, 자녀들도 거의 같은 학교에 다니는 것이 보통이다. 중서부에 마술적인 무엇인가가 있는 것은 아니지만 존 디어는 작은 시골 같은 지방도시에 남아 있음으로써 충성심과 내색하지 않고 열심히 일하는 가치 시스템이 회사 문화의 핵심으로 지속될 수 있었던 것이다.

"가치 시스템은 자족적이다." 존 디어의 수석부사장 겸 법률고문이며 일한 지 고작 4년밖에 안된 짐 젠킨스Jim Jenkins의 말이다. "사람들이 스스로 선택해서 이 가치들을 회사에 들여오고, 그것이 점차 강화된다. 우리는 성장해야 하고, 존 디어는 항상 새로운 인력과 새로운 아이디어를 찾기 위해 애쓰지만 우리의 전통으로부터 시작하는 가치 시스템에서 멀어지는 것은 결코 원하지 않는다. 밥 레인은 그것을 최우선으로 삼았고, '어떻게' 비즈니스를 하느냐에 대해 늘 얘기했다. 그것은 존 디어에서 절대 타협할 수 없는 일이었다."

그러나 존 디어 역사에서 본부를 멀린에서 다른 곳으로 옮기는 문제에 대해 심각하게 고려한 적이 두 번 있었다. 찰스 디어 와이먼이 회사를 이끌고 있던 1950년대, 그리고 한스 베커러가 회장이었던 1990년에 다시 한 번 주요 업무는 멀린에 남겨두되 중역들의 사무실은 뉴욕이나 샌프란시스코, 또는 시카고로 옮기는 계획이 논의되었다. 회사 상층부 인사들이 업계의 리더들과 자주 접할 수 있는 기회를 갖게 되고, 또 어쩌면 중역들을 스카우트할 수 있는 기회가 더 넓어질 수 있으리라는 판단에서였다.

두 번째 이전 논의가 있었을 때 존 로슨은 위원회의 일원이었다. 그 개념은 거의 지지를 받지 못했다고 그는 말했다. 멀린에 있음으로써 불리한 면이 있기는 하지만 이로운 점이 훨씬 더 많았기 때문이었다. 직장은 도보로 10분 거리에 있다. 생활비도 시카고보다 적게 든다. 지역사회 주위가 전부 농장으로 둘러싸여 있으며, 제조공장도 그리 멀리 떨어져 있지 않다. 환경이 존 디어가 봉사하는 고객들을 그대로 대변하고 있다.

"우리 본부가 대도시에 있었더라면 '문화'를 유지하기가 더 어려웠을 것"이라고 존 디어의 재정 서비스 및 파워 시스템의 사장이자 회사의 인사까지 담당하고 있는 샘 앨런Sam Allen은 말했다.

그 발언은 반박하기가 어렵다. 왜냐하면 존 디어로서는 중서부에 뿌리를 두고 있는 것이 잘한 일이었기 때문이다. 전체적으로 볼 때 농업이 호황기와 불황기를 겪는 동안 제품 말고도 지속적으로 유지된 두 가지가 있는데, 그것은 바로 문화와 직원들의 약속이었다. 중역들이 중서부 시골에 뿌리박은 정신으로부터 멀어졌다면 장기적으로 보았을 때 존 디어의 주요 차이점, 땅과 거기서 일하는 사람들의 연결로부터 멀어졌을 것이다. 그리고 이제 존 디어가 전 세계에 영업망을 뻗쳤다고 해도 본부가 아직 멀린에 있다는 것은 세계 곳곳의 직원들이 교육과 세미나 등에 참석하기 위해 계속해서 멀린을 방문해야 한다는 것을 의미한다. 그리하여 존 디어의 전통에 대한 약속은 더욱 강화될 수 있는 것이다.

▌▐▌ 땅에 뿌리박다

존 디어의 번성하는 문화에 공헌하는 모든 요소를 하나로 통합하는 것은 고객에게 제공되는 수많은 다양한 제품과 서비스를 정의하는 바로 그 요소다. 존 디어의 사람들과 제품, 그리고 그 미션이 땅에 뿌리박고 있다는 사실이다.

회사는 1837년부터 농민들에게 봉사하기 시작했고, 오늘날 이 회사가 비록 여러 개의 부문으로 운영된다 할지라도 가장 큰 사업은 역시 농기계 사업이다. 세월이 지나면서 회사가 확장해간 다른 제품이나 서비스 분야도 땅에서 일하는 사람들에게 봉사한 경험으로부터 배운 교훈에 근거한 것이었다. 그것이 캘리포니아 나파밸리의 농민이건 자기 집 마당의 잔디를 깎는 코네티컷의 주부이건 마찬가지다.

이런 땅과의 장기간에 걸친 유대가 존 디어로 하여금 사업 확장을 도모할 때도 초점을 잃지 않을 수 있게 했다. 그리고 그것은 전 세계 수천 명의 농민들을 비롯해 고객들의 '땅'의 정신 덕을 보고 있는 직원들과 딜러들에게 긍정적인 전염 효과를 제공했다.

전 회장 겸 CEO인 한스 베커러는 세계적 경험이 그에게 모든 산업은 나라마다 다르다는 것을 가르쳐 주었다고 말했다. 그러나 농사만은 그것이 중국이든, 스웨덴이든, 케냐든, 캐나다이든, 또는 미국이든 다르지 않다. 땅에서 일하는 사람들은 그 어느 곳에서도 많은 가치를 공통으로 가지고 있으며, 대부분이 존 디어를 좋아한다. 왜냐하면 그것이 품질과 비즈니스를 오랫동안 제대로 하는 것을 의미하기 때문이다.

"모든 농민들은 지상의 소금 같은 존재들이다." 베커러의 말이다. "회사의 성격이 고객의 성격에 의해 고양되었다. 농민이 악수를 청하면 그것은 거래가 성립되었다는 것을 의미했다. 땅에서 일하는 사람들은 모두 이런 진실성과 충성심을 갖고 있다."

그는 아직 대학원 학생일 때, 이스트 멀린의 하비스트 워크스에서 여름 동안 인턴 사원으로 근무했던 때를 기억한다. 이 회사는 최고급 농기계인 콤바인을 생산하는 회사였다. 졸업 후 존 디어에서 일할까 말까를 망설이고 있던 참이었다. 어느 날 일과 후 바닥을 쓸고 있는 청소부와 얘기를 나누던 중 밖에 비가 오고 있는 것을 본 청소부가 "잘 됐네"라고 말했다. "비가 오면 농작물이 잘 자라지. 그러면 농민들한테 좋은 일이고. 그리고 농사가 잘되면 우린 콤바인을 더 많이 팔겠지."

■■▮ 팀워크의 이점

워털루나 더버크의 생산 라인에서 일하든, 멀린의 중역실에서 일하든 고객을 위하는 것의 중요성을 이해하는 직원들, 그리고 존 디어에서 월급 받고 일하는 4만6천 명의 직원 중에 공주병 환자가 없다는 사실을 이해하는 직원들을 갖고 있다는 것이 회사 문화의 궁극적인 이점이라고 봅 레인은 생각한다.

그는 자기 자신을 포함하여 존 디어는 대부분 평범한 재주를 갖고 있는 사람들로 구성된 회사라고 말했다.

"우리 회사에도 천재가 몇 명 있기는 하지만 대부분은 아니다."

그러나 존 디어가 확실히 갖고 있는 것은 함께 회사를 위대한 것으로 만들고자 하는 평범하지 않은 대다수의 직원들이라고 그는 말했다. 회사 성공의 부정할 수 없는 비밀은 모든 계층에서 다른 사람들의 기여를 인정하는 존 디어의 강력한 문화에서 나온 결과라고 레인은 말한다.

"우리가 특별한 것은 사람들이 협동하게 하는 것이다. 그게 우리가 남과 다른 점이다. 평범한 재주를 가진 사람들에게서 평범하지 않은 결과를 끌어내는 게 이 회사의 특질이다. 4만6천 명이 서로 도우면 엄청난 결과를 얻을 수 있다."

품질이
첫째다

모든 회사들이 한두 번은 품질에 대한 얘기를 한다. 그러나 존 디어에서 그것은 무슨 제안이나 유행이 아니다. 특히 제품이 관련되었을 때는 더욱 그렇다. 그것은 결코 협상의 여지가 없는 비즈니스의 한 분야가 되었다.

이스트 멀린의 존 디어 하비스트 워크스에서 제작된 9860 STS 콤바인은 흔히 있는 중장비가 아니다. 그것은 존 디어가 제작한 가장 크고, 가장 생산성이 높은 농기계로 GPS 위성에 의해 현장에서 정밀하게 안내를 받는다. 초당 3.3부셸(약 36리터)의 곡물을 수확할 수 있는 이 375마력짜리 콤바인은 단연코 세계에서 가장 선망되는 농기계임에 틀림없다.

아이오와주 존 디어 워털루공장에서 제작된 신형 9020 존 디어 트랙터는 오토트랙 운전으로 핸즈 프리 작동이 가능하고, 야간 조명을 개선해 일몰 이후 생산성을 향상시켰다. 어찌나 효율적인지 61피트 파종기를 부착해 하루 24시간 작동할 경우 5일 동안에 3,800에이커라는 가공할 면적에 파종이 가능하다.

이 거대한 초록색 기계는 현대 농업의 효율성을 재정의하지만 어떤 규모의 농기계업체에게라도 엄청난 투자임에 틀림없다. 신제품

9860 STS 콤바인의 값은 거의 27만5천 달러나 된다. 거기다 콩과 옥수수 수확기까지 부착하면 30만 달러를 상회한다. 신제품 9270 트랙터는 판매가격이 거의 17만 달러나 된다. 그래서 존 디어 농기계 딜러를 통해 최고급품 트랙터나 콤바인 주문을 낸 고객은 그 당시만 아니라 몇 달, 몇 년을 사용한 후에도 제품의 품질이 명성에 걸맞을 거라는 높은 기대치를 갖게 마련이다.

존 디어가 고객에게 되돌려줄 수 있는 것은 품질에 대한 약속이다. 오로지 양질의 제품만을 만든다는 핵심 가치는 1837년 창사 이래 회사의 우선 순위 리스트 최상단을 지켜왔다. 존 디어는 최고의 기준에 맞게 제작된 쟁기가 아니면 자기 가게에서 내보내기를 원치 않았다. 그는 이렇게 말했다.

"내 안에 있는 가장 좋은 것을 갖지 않은 제품에 결코 내 이름을 붙이지 않을 것이다."

그 신념은 존 디어에 계속 남아 존 디어 문화의 중요한 부분이 되었으며, 모든 계층에서 신봉되었다. 물론 모든 회사들이 한두 번은 품질에 대한 얘기를 한다. 그러나 존 디어에서 그것은 무슨 제안이나 유행이 아니다. 특히 제품이 관련되었을 때는 더욱 그렇다. 조립 라인과 사무실에서 직원들은 그 가치와 중요성을 세대를 거쳐 전수해왔다. 그 결과 그것은 결코 협상의 여지가 없는 비즈니스의 한 분야가 되었다. 당장의 예산 따위는 문제가 아니다. 제품이 밀고 가는 것은 잔디깎이 존 디어 게이토이건 고성능 트랙터이건 상관이 없다. 품질에 대한 약속은 언제나 우선이다.

존 디어의 품질 이니셔티브

- 기능, 신뢰도, 내구성, 보수성에서 고객의 높은 기대치를 지속적으로 충족시키는 제품과 서비스를 판다.
- 헌신적인 직원들의 개인적, 직업적 목표를 달성함과 동시에 회사도 성공할 수 있는 작업환경을 수립한다.
- 투자자의 기대치를 충족하는 지속적이고 예측 가능한 재정결과를 달성한다.
- 모든 사람들을 성공으로 이끄는 관계를 유지한다.

고객에게 있어 품질이란 엔지니어링, 제품 설계에서 시작해 생산 설비로 이어지고 딜러십에까지 연장된다. 존 디어의 품질 약속은 이제 재정, 인사, 납품업체와의 관계를 포함한 비즈니스의 모든 분야로 확장된다. 그것은 조립 라인에서 떨어져 나온 모든 완제품이 완벽하게 제작됐다는 것을 의미하지는 않는다. 또 비즈니스의 다른 분야에서 실수가 전혀 발생하지 않는다는 것을 의미하지도 않는다.

그러나 레인은 '품질에 대한 확고한 고집'을 보여주고 최고의 수준만을 겨냥함으로써 고객과 직원과 주주와 기타 비즈니스 파트너들이 기대하는 가치를 전달할 수 있다고 말했다.

▌▌▌ 골드 키

고객 측면에서 존 디어가 고가 제품의 품질에 대한 약속을 보여주는 한 가지 방법은 실제 고객으로 하여금 자기가 살 물건의 조립 라인을 보여주고, 그것을 조립하는 직원들을 만나게 해주는 프로그램을 통해서였다. 이러한 골드 키 프로그램에 의해 존 디어 콤바인이나 대형 트랙터를 구입하려는 고객은 일리노이주 이스트 멀린이나 아이오와주 워털루의 제조공장을 방문할 수 있는 초대장을 받는다. 마찬가지로 건설 장비를 살 고객도 자기가 살 장비를 만드는 공장에 초대받는 비슷한 경험을 하게 된다.

존 디어의 딜러가 준비하는 이 프로그램은 콤바인이나 대형 트랙터가 주문된 후 그 장비가 조립 라인에서 거의 완성될 때 맞춰 계획된다. 구매자는 공장 투어를 하게 되는데 친구나 가족을 동반해도 된다. 조립 라인 끝에 다다르면 구매자에게 실제 제품을 소개하고, 실제로 황금 열쇠를 주어 장비에 올라가게 한다. 공장 직원들이 둘러싼 가운데 구매자는 축하와 격려 속에 최초로 시동을 거는 주인공이 되는 것이다.

이 프로그램과 분위기는 현장에서의 공감을 통해 고객과 제품과 제품을 생산한 사람들을 독특하게 연결시킨다. 딜러는 고객에게 감사하고, 그 구매의 막후를 구경할 수 있는 기회를 갖게 된다. 생산 직원들은 고객의 얼굴에 핀 미소와 함께 자기들이 제품을 꼼꼼히 잘 만든 것에 감사하는 것을 보게 된다. 고객은 세계에서 몇 안 되는 아주 독특한 제조공장을 가까이서 볼 수 있는 것은 말할 것도 없고, 존 디어의 품질에 대한 약속을 직접 눈으로 재확인하게 되는 것이다.

1913년 말이 끄는 수확장비 제조공장으로 처음 문을 연 이스트 멀

Gator with Sprayer

린에 있는 존 디어 하비스트 워크스John Deere Harvester Works는 면적이 거의 200에이커에 달하는 끝이 안 보이는 공장이다. 투어는 은퇴한 직원들이 운전하는 카트에 손님들을 태우고 스탬핑에서 조립 공정까지 한 바퀴를 돈다. 생산직원들이 고개를 끄덕이고 손을 흔들기도 한다. 90분에 가까운 투어에서 방문객들은 골동품이 된 장비에서부터 품질에 대한 약속까지 직원들에 의해 만들어진 전시물을 보게 된다. 하이라이트는 거대한 콤바인 몸체에 자동기계가 마지막 마무리로 존 디어의 초록색 페인트칠을 하는 장면인데, 물론 가장 좋은 것은 맨 마지막에 보여준다.

인디아나주 데커의 론 윌슨 가족은 90년에 이르는 동안 여러 해에 걸쳐 존 디어의 장비를 사용해왔다. 그런데 그는 신형 60시리즈 콤바인을 사고 나서야 처음으로 공장 방문을 하게 됐다. 루게릭병으로 휠체어를 타는 처지였지만 윌슨은 존 디어의 직원들이 일부러 그를 콤바인 운전석에 태우고 최초의 시운전자가 되게 해주었다고 말했다.

트랙터 구매자들이 골드 키 투어를 하게 되는 존 디어의 워털루 워크스Waterloo Works는 이 회사의 가장 큰 제조공장인데, 5개 공장으로 이루어져 있으며 총 면적이 1,300만 평방피트도 넘는다. 1억2천5백만 달러를 들여 진행 중인 성능개선작업은 생산 사이클 타임 75% 향상, 재고 25% 감소, 공장 면적 2백만 평방피트 축소, 주문생산체제 가능 등을 목표로 설계되었는데, 이 플랜트가 21세기 트랙터 제조에서 갖는 의미는 포드 자동차의 루지 플랜트가 20세기 초 자동차 제조에 가졌던 의미와 맞먹는다.

1918년 이래 존 디어의 일부가 된 워털루 플랜트처럼 트랙터를 만드는 플랜트는 세계 어디에도 없다는 것을 펜실베니아주 갭에 살고 있는 로만 스톨츠푸만큼 잘 알고 있는 고객은 없다. 그는 존 디어 7210 트랙터 신제품을 디어크릭 이큅먼트 딜러에게서 샀는데, 아들 드와이트와 델마를 데리고 워털루에 가서 자기 트랙터가 조립 라인에서 생산되어 나오는 것을 지켜봤다. 세 남자는 차례대로 골드 키를 가지고 트랙터를 시운전했는데, 이 가족이 새로 구입한 기계를 만나는 장면을 생산직원들이 지켜보았다.

▦ 약속을 위한 뒷받침

그러나 품질이란 생산 라인에서 잘 만들어진 제품을 만들어내는 것에서 끝나지 않는다. 왜냐하면 끝없이 품질 향상을 위해 노력하고, 아무리 품질로 유명한 회사라 할지라도 어떤 제조회사도 완벽

다음은 존 디어 생산 시스템의 기본 원칙을 정리한 것이다.

존 디어 생산 시스템의 기본 원칙

- **작업에 몰두하는 융통성 있는 인력** — 특정 작업을 지원하고 인력의 융통성과 변화를 받아들이는 태도를 권장하는 체계적인 프로세스를 확립한다.
- **제조 테크놀로지와 프로세스의 가능** — 혁신, 최대 실적, 그리고 속도를 지원하는 신기술에 집중한다.
- **통합된 생산 및 자재 수급계획** — 생산과 고객 수요를 동시에 일어나게 하기 위한 방법을 제시한다. 예컨대 판매와 운영계획 같은 것으로 수주 완성 전략을 지원하는 것이다. 주요 요소에는 수요에 맞춘 재고충당과 풀 시스템 같은 것이 포함된다.
- **신뢰할 수 있고 반복할 수 있는 프로세스와 장비** — 처음부터 제품의 품질을 높이는 접근방식을 채택하고 지속적으로 품질을 개선하며 개선된 품질을 유지한다.
- **리더십** — 비전, 기대감, 성공에 대한 포상으로 필요한 문화적 변화를 끌어낸다.

할 수는 없으며, 문제는 가끔씩 생기게 마련이기 때문이다.

"우리가 품질로 알려진 게 항상 처음부터 제품을 잘 만들기 때문일까?" 밥 레인은 말했다. "아쉽지만 아니다. 그렇지 못한 경우가 자주 발생했으니까. 하지만 우리가 처음부터 제대로 하지 못했을 경우라도 사람들은 우리가 제품에 책임을 져줄 거라는 사실을 알고 있다. 그게 우리가 존 디어에서 하는 일이다. 고객들은 오랜 경험에서 이 사실을 알고 있다."

존 디어가 딜러십 네트워크를 통해 자사 장비를 책임져주는 명성과 도덕성을 개발해온 것은 2실린더 트랙터를 만들던 시절부터 오늘까지 계속되고 있다. 고객이 아칸소의 딜러에게서 트랙터를 사건, 캘리포니아에 있는 홈 디포 매장에서 잔디깎이를 사건 제품에 대한 완전 서비스를 해주는 존 디어 딜러가 언제나 근처에 있다. 이것이 회사가 약속을 공장 너머로까지 확대하는 방법이고, 고객의 품질에 대한 궁극적인 확신도 바로 이것 때문이다. 고객은 멀리 있는 서비스센터나 보수 센터에까지 제품을 들고 가거나 운송해야 하는 부담 없이도 항상 문제가 해결될 수 있다는 사실을 알고 있는 것이다. 레인의 말이다.

"잘못을 고치는 것은 비싼 비용을 들여 비즈니스를 하는 것이다. 우리에게는 수익만 아니라 평판이 걸린 문제다. 우리는 지속적으로 품질을 개선하기 위한 노력을 해야 한다."

이것이 존 디어의 고객에 대한 약속이고, 품질에 대한 브랜드 약속의 핵심이다. 그러나 존 디어는 실수를 처음부터 없애기 위해 노력한다. 그것을 강조하는 것이 위대한 비즈니스 창출이라는 궁극목표에 절대적인 공헌을 하리라는 기대감 때문이다.

오늘날 제품 품질을 초기단계에서 개선하는 방법 중 가장 중요한 것은 군살 없고 유동적이며 잘 통제된 제조 스타일을 통해서 하는 것이며, 그 방법은 존 디어의 전 세계 공장에서 채용되고 있다. 많은 경우 제조업에서 품질 불량은 공장이 무리하게 운영되는 데서 발생한다. 생산성의 향상은 품질 향상으로도 이어진다. 그것이 바로 이 회사가 2001년 존 디어 생산 시스템을 시작한 이유다. 그 이

후 이 시스템은 이 회사의 50개 제조시설 여러 곳에서 채택되었다.

이 시스템이 필요한 이유는 완전히 다른 장비를 생산하는 수많은 공장과 부서를 갖고 있는 존 디어에 기술과 접근방법에 관한 한 갖가지 프로세스가 난무했기 때문이다. 단일 제조 프로세스를 개발해 실행하고 개선하면 생산과 품질은 한층 큰 차원에서 더 잘 관리할 수 있다.

자동차 제조업계의 트렌드와 마찬가지로 존 디어의 시스템도 같은 공장에서 여러 종류의 제품을 각각 다른 사이클로 생산 가능케 하는 융통성에 기초하고 있다. 공장들이 실제 수요에 더 잘 반응할 수 있어 재고를 줄이고 생산 시간을 늘릴 수 있는 것이다.

■■■ 제조를 넘어

그러나 존 디어에서 너트와 볼트의 조립은 품질을 향한 지속적인 노력의 일부분일 뿐이다. 모든 부서의 직원들이 오랜 세월의 경험에서 품질은 재정, 인사로부터 구매에 이르기까지 비즈니스의 모든 분야에서 핵심 과제라는 것을 알게 되었다.

피에르 르로이Pierre Leroy는 존 디어의 건설 및 삼림장비 부문의 사장이다. 아이티에서 태어난 그는, 가짜 사망진단서에 서명하기를 거부한 후 정부요원에 의해 쫓기게 되자 조국으로부터 도망쳐 시카고로 이주한 외과의사인 아버지 때문에 시카고에서 자랐다. 미시간 대학에서 학사학위를 받고 시카고 대학에서 MBA를 취득한 후 골드만 삭스에서 직장생활을 시작했다. 존 디어에 인터뷰할 기회가 생겼을 때 처음에는 시큰둥했으나 그가 만난 사람들의 자질에 끌려 결국 마음이 흔들렸다. 그는 더 높은 연봉을 포기하고 존 디어에 입사했다.

파이낸스 부서에서 르로이는 존 디어가 파이낸스 비즈니스를 계속해도 좋을지를 결정해야 하는 어려운 과제를 받았다. 경기가 상승하자 크레딧 부문에서 현금을 엄청 잡아먹었기 때문에 회사는 고전하고 있었다. 그는 은행들을 방문하고 한 가지 계획을 수립하게 된다. 당시로는 원조격인 자산 담보 증권회사 딜을 성사시켰다. 그 결과 크레딧은 자본을 거의 들이지 않고도 존 디어의 가장 수익성이 높은 부문이 됐다.

르로이는 급속도로 상승가도를 달려 CFO가 되었고, 나중에 건설 및 삼림장비 부문도 맡게 됐다. 건설 및 삼림장비 회사에서 그에게 주어진 도전은 수년 전 크레딧 부문의 딜레마를 푸는 것 못지않게 엄청났다. 왜냐하면 건설장비 분야에서는 캐터필러가 세계를 주도하며 존 디어가 농기계 분야에서 누리고 있는 것과 맞먹는 세를 과시하고 있었기 때문이다. 존 디어의 건설장비 사업은 45년 전 시작 이래 캐터필러나 다른 건설장비 제조업체들이 간과한 소형장비라는 틈새시장을 개척해 큰 수익을 내고 있었다. 경험이 쌓이고 사업 신장의 욕구가 생기자 존 디어는 좀 더 대형 장비들을 생산하기 시작하면서 서서히 업계에서 존재를 드러내기 시작했다. 오늘날 존 디어는 품질과 고객 서비스에 대한 전사적인 약속을 기반으로 몇몇

Excarvator(굴삭기)

주요 제품에서 캐터필러와 경쟁하고 있다.

그러나 품질은 존 디어의 생산 라인과 딜러십을 훨씬 넘어선 영역으로 확장된다. 건설장비 부문에서는 총체적인 품질 향상 노력이 이런 분위기를 만들어냈다. 직원들은 자기들의 일상적인 작업이 결국 고객이 신제품인 노란색 존 디어 710 포크레인 로더를 운전할 때 보고 느끼게 되는 품질로 나타난다는 것을 이해하게 되는 분위기 말이다.

건설 및 삼림장비 부문이 총체적 비즈니스 품질의 문화를 이루어 냈을 때 직원들은 처음으로 어떻게 품질이 비즈니스의 모든 면에서 원가 구조에 영향을 미치는지 알게 되었다. 그리고 각각의 요소를 하나씩 분석함으로써 거기에 맞게 프로세스가 만들어지고 지속적인 결과를 낳게 되었다.

2003년 품질 팀의 초점은 마케팅에 맞춰졌다. 회사 내의 여러 그룹과 함께 존 디어 건설 및 삼림장비 품질 팀은 딜러들을 위한 시그

니처 프로세스를 개발했다. 고객에서 딜러로, 다시 회사로 이어지는 프로그램이었다.

2004년 이 제안이 거의 완성될 무렵 르로이는 엄청난 결과를 봤다고 말했다.

"돈과 관련한 변화는 쉽다. 진짜 변화를 만들어내기 위해서는 사람들이 일에 대한 느낌과 생각을 바꾸어야 한다. 그것이 가능할 때 프라이드는 확실히 보인다."

결국 프라이드야말로 존 디어 직원들이 비즈니스의 모든 분야에서 최고의 품질 수준에 도달하기 위해 애쓰도록 만드는 원동력이다.

: :3

혁신을 통해 변화를 창조하라

신제품 트랙터는 명품들을 취급하는 최고급 백화점 보석 코너 근처에 놓여졌다. 트랙터는 다이아몬드로 장식되었고, 초록과 노란색 페인트가 백화점 바닥에 비쳐 반짝거렸다. 아마도 농장이 패션의 첨단이 된 것은 미국 역사상 처음 있는 일이었을 것이다.

　존 디어는 품질과 내구성을 추구하기 때문에 피나는 기술과 디자인 전쟁을 치르지는 않는다. 그러나 창사 이래 줄곧 경쟁사와 차별화한 창조적 신조를 유지해왔다. 그 결과 밥 레인이 회사 역사상 '분기점 hinge years' 이라고 부르는 가장 중요한 몇 년은 혁신과 미래를 향한 시각에서 비전과 새로운 기준이 마련된 기간이었다.

　물론 이 회사는 단지 새 제품의 역동성을 화려하게 소개하는 홍보자료를 내보내기 위해서 고객을 위한 품질 약속을 희생하지는 않는다. 그러나 창사 이래 전략적으로 혁신과 창의력의 수준을 높이는 능력을 적재적소에서 적기에 행사해왔다. 그때마다 모든 것이 달라졌다.

　그것은 창립자 존 디어의 시대로까지 거슬러 올라가는 회사 내의 사고방식이다. 그의 자동 흙털이 쟁기는 그 확실한 장점을 알게 된 중서부의 많은 농민들에게 농업의 의미를 바꾸어놓았다. 그러나 존 디어는 1849년 2천 개의 쟁기를 팔고 상업적으로 크게 성공하게 되었을 때도 제품의 성능 개선에 사용될 정보를 얻기 위해 농민들과 의논하고 들판에서 테스트를 멈추지 않았다. 한 농민이 개선안을 내놓으면 그대로 반영했다. 자신이 쟁기의 성능을 개선할 변화나 수정사항을 발견하면 그대로 바꾸어 만들었다. 끊임없이 베끼고 반영하고 실험함으로써 개선에 대한 추구를 계속했다.

"운이란 건 없어." 존 디어의 말이다. "사람들이 우리가 만든 물건을 사야 할 이유가 있나. 끊임없이 개선하지 않으면 망하게 되어 있어."

1870년대 회사는 급속히 생산 라인을 향상시키고 확장했다. 모든 종류의 쟁기, 경운기, 조파기, 써레, 파종기, 짐차, 버기 등을 제조했고, 1875년에는 길핀 실키 쟁기를 생산해냄으로써 농민들이 땅에 발을 붙이지 않고도 밭을 갈 수 있게 만들었다.

▮▮▮ 획기적인 인수

존 디어가 회사 역사상 가장 중요한 변화에 착수했을 때 쟁기를 발명한 창업자는 이미 생존해 있지 않았다. 그의 아들 찰스 디어도 마찬가지였다. 그러나 창업자에 의해 정착된 초기의 교훈과 끊임없이 개선해야 한다는 신념에 힘입어 CEO 윌리엄 버터워스(찰스 디어의 딸 캐서린의 남편)는 처음의 망설임을 극복하고 1918년 한 사업체를 인수했다. 이 회사를 오늘날의 존 디어로 지속하게 한 새로운 항로를 만든 사건이었다.

1891년에는 말에 의존한 대부분의 농기계가 발명되었다. 존 디어가 20세기에 들어서 미국 유수의 쟁기 제조회사가 되었을 때 — 1916년 매출은 2천8백10만 달러에 이르고 직원 수는 거의 7천 명에 육박했다 — 경쟁사들은 모두 신장 일로의 트랙터사업에 뛰어들었다. 말 대신 자동차의 시대가 오는 것이 분명했고, 그것은 심지어 들판에서도 마찬가지일 것으로 보였기 때문이다. 디어 앤드 컴퍼니는 1914년 자체적으로 트랙터의 원형을 개발했는데, 이는 이사회 멤버인 조지프 데인Joseph Dain에게 가스 동력 기계가 급속도로 신장하는 상황에 대한 연구과제가 주어졌을 때였다.

그러나 걱정도 있었다. 자체 개발한 가스 트랙터를 가지고 시장에 진출한 포드 자동차 같은 회사와 경쟁할 수 있겠는가 하는 것이었다. 버터워스 자신조차도 1916년 돈이 많이 드는 트랙터 원형 개발 계획을 중단할 것을 원했다. 엔진과 관련된 제조에서 앞서 있고, 경험이 더 많은 회사들 때문에 판매가 저조할 것이라고 믿었기 때문이다. 그는 회사가 다른 앞선 제조업체들에 용구나 공급함으로써 성공적인 쟁기 사업에 노력을 집중하기를 원했다.

그러나 결국 존 디어는 트랙터의 시대가 오고 있고, 회사가 농기계 제조업계에서 리더가 되고자 한다면 어떤 방식으로든 트랙터와 연관이 되지 않을 수 없다는 결론을 내렸다. 존 디어의 직원인 하비스트 워크스의 매니저 모건W. R. Morgan은 1918년 아이오와주 워털루에 있는 워털루 보이 트랙터 플랜트가 매물로 나올지도 모른다는 소문을 들었다. 1895년 창설된 워털루 보이는 1911년부터 인기 있고 평판이 좋은 2실린더 등유 트랙터를 생산하고 있었다. 1917년에 4천 대 이상의 트랙터를 생산했는데 무게는 5천 파운드가 넘고 대략 1천 달러 수준에서 팔렸다.

1848년 일리노이주 멀린으로 본부를 옮긴 후 존 디어는 60년 이상 말이 끄는 쟁기 생산을 주도하고 있었고 '지점' 또는 마케팅센터를 통해 제품 판매의 효율적인 시스템을 구축하고 있었다. 그러나 하룻밤 사이 소리 소문도 없이 회사는 가스 동력의 2실린더 트랙터 톱 메이커 중 하나가 되어 있었다. 이사회에서 1918년 워털루 가솔린 트랙션 엔진 컴퍼니Waterloo Gasoline Traction Engine Company를 235만 달러에 인수하기로 결정한 것이었다. 트랙터 사업 첫해에 존 디어는 5,634대의 워털루 보이 기계를 팔았다.

"기술은 아직 증명되지 않았고, 당시 트랙터가 말을 대신할 수 있을지도 분명하지 않았다." 레인은 말했다. "그럼에도 불구하고 위험부담을 감수할 만한 가치가 있다고 판단되었다. 대단히 좋은 일이 생길 가능성이 있었기 때문이다. 제품의 소비자가 될 농민들, 이것을 만들어 생계를 이어갈 장인들, 회사에 투자한 자본에 정직한 이익을 기대하는 투자자들 모두에게 좋은 일 말이다."

워털루 보이 트랙터를 인수한 지 20년도 채 안된 1937년 존 디어는 매출 1억 달러 고지에 올라섰고, 존 디어의 증손자 찰스 디어 와 이먼의 리더십 아래 A, B 모델을 출시하면서 대공황 이후 최고의 제조업체로서 입지를 강화했다.

새 모델 트랙터는 인기가 있었다. 모든 경쟁이 치열한 제품들과 마찬가지로 디자인이 특히 실용적이었다. 당시 대부분의 사람들은 농기계를 순전히 기능만 중시한 도구로 보았고, 작동자에게 편안함을 주거나 마음이 끌리게 하는 데는 거의 신경을 쓰지 않았다.

그러나 존 디어 엔지니어들은 다른 생각을 갖고 있었다. 그들은 산업 디자인계의 선구자로 떠오른 헨리 드레이퍼스Henry Dreyfuss를 찾았다. 존 디어 브랜드를 경쟁사들과 멀리 떨어지게 하기 위해 뉴욕에 있는 헨리 드레이퍼스 앤드 어소시에이츠는 1938년 디어 앤드 컴퍼니로부터 회사의 엔지니어들과 함께 A, B 시리즈 트랙터 합리화 작업을 위탁받았다. 목표는 존 디어의 트레이드마크인 기능성과 매력적인 디자인의 접목이었다.

그것은 당시 농기계 산업에서는 유례가 없는 움직임이었다. 업계의 주도적인 제조업체가 트랙터의 외양과 느낌을 위해 뉴욕의 디자이너와 상담을 한다는 개념이라니. 오직 한 회사, 올리버 하트파Oliver Hart-Parr가 모양이 세련된 트랙터를 내놨지만 인터내셔널 하비스터와 마찬가지로 디어 앤드 컴퍼니의 경쟁자가 되지는 못했다. 당시 대부분의 사람들에게 트랙터는 기능만으로 평가되었다. 1930년대 뉴욕과 중서부 시골 농장과의 거리가 지도에 나타난 것보다는 훨씬 더 멀었던 것과 마찬가지였다. 스타일은 일반적으로 대도시를 위한 것이었다. 농장에서는 아직도 전기나 수도 같은 것이 사치품이었고, 디자인은 대부분의 사람들이 별로 신경도 안 쓰는 것이었다.

▌▌▌ 갈색 슈트의 남자

존 디어 문서보관자 닐 달스트롬에 따르면, 1904년 뉴욕 출생으로 미술을 공부한 헨리 드레이퍼스는 '기본적으로 평범하고 단순한 남자'로 '여하한 경우건 갈색 양복을 입는' 사람이었다. 1927년 뉴욕에서 자기 산업디자인 사무실을 내기 전까지 젊은 시절에 드레이퍼스는 극장에서 일했다. 그는 거대하고 이상하게 생긴 산업용품들을 날씬하고 사용하기 쉬운 것으로 만드는 타고난 감각을 갖고 있었다. 색깔, 모양, 크기, 또는 부품을 더하고 빼는 문제에서 그는 복잡한 것을 세련되고 단순하게 만들기를 좋아했다. 사업은 처음에는 미미했으나 1930년대 초부터 점차 기업 고객을 받게 되었고 쐐기, 열쇠, 토스터, 부엌용품, 그리고 디스플레이에 시계를 장착한 하니웰 자동온도조절기 같은 것들을 디자인했다.

디어 앤드 컴퍼니가 그에게 의뢰를 하게 된 것은 워털루 트랙터 공장의 엔지니어인 엘머 맥코믹Elmer McCormick이 뉴욕에 있는 그의 사무실을 사전 연락 없이 방문하고서였다. 기차를 타고 이 유명한 디자이너를 만나러 간 맥코믹은 털코트를 입고 모자를 쓰고 있었다. 얼마나 열정적으로 설득했던지 드레이퍼스는 다음날 기차로 맥코믹과 함께 워털루로 존 디어 엔지니어들을 만나러 왔다.

존 디어의 트랙터는 존 디어 이름을 붙인 최초의 제품인 모델 D(1923)에서부터 특징을 나타내기 시작했는데, 이 회사의 전통적인 초록색과 노란색 기획이 소비자들에게 존 디어 트랙터임을 알아보게 한 것은 1924년부터였다. 그러나 새로운 스타일은 모델 A, B 트랙터의 외양을 좀 더 단순화하고 고무 타이어, 전기 시동, 전등 같은 것을 옵션으로 추가하여 드레이퍼스가 새로 디자인한 결과 생긴 것이다.

광고에서는 '여동생Sister'과 '친구Bud'가 돌아가면서 운전을 해 기능적인 이점을 넘어선 제품의 매력을 부각시켰다. 모델 B는 존 디어의 베스트셀러 트랙터 지위를 15년 이상 유지하게 된다. 회사 내부의 많은 사람들은 그 과정에서 약간의 스타일과 혁신적인 기능성이 신뢰와 기능과 섞이면 고객에게는 많은 것을 의미하게 된다는 것을 깨달았다.

▮▮▮ 댈러스의 디어 데이

1960년 이전 존 디어 트랙터는 2실린더 동력이었고, 엔진은 수평으로 장착되어 작동자로 하여금 쉽게 자신의 기계라는 느낌을 갖게 했다. 존 디어의 엔지니어들 사이에 2실린더 트랙터 — 배기가스가 내는 소리 때문에 '펑펑 조니스'라고 알려졌다 — 를 만들지 말자는 논란이 있었다. 엔진 시스템이 파워에 한계가 있기 때문이었다. 존 디어 엔지니어들은 2실린더의 파워를 가속시키는 독창적인 방법을 고안해냈다. 별도의 캬브레터를 통해 연료를 섞거나 주입하는 것이 그것이었다. 미국의 시골이 현대화하고 농장의 수요가 늘어나자 더 강력한 트랙터에 대한 필요는 점점 더 크게 부각되었다.

1955년, 찰스 디어 와이먼 회장과 당시 사장이었던 그의 후임 빌 휴잇은 존 디어의 디자인을 파워와 스타일을 동시에 가미해 획기적으로 바꾸고자 했다. 그들은 트레이드마크인 2실린더 엔진을 포기할 의도로 대대적인 제품 개발 프로그램에 착수했다. 그것은 새롭고 더 큰 엔진을 트랙터에 미학적으로 장착하는 방법을 찾아야 하는 것을 의미했다. 따라서 완전히 새로운 제품 디자인의 필요성은 더욱 커졌다.

트랙터 프로그램은 위험부담이 많았다. 1950년대 중반 미국에서는 거의 모든 트랙터와 농기계가 똑같이 만들어졌다. 시간과 돈이 너무 귀했기 때문에 농민들이 일반적으로 써보지 않고 증명도 되지 않은 장비에 많은 돈을 투자하려 하지 않았기 때문이다.

또 대부분의 농기계 제조업체들은 기존의 제품도 이미 잘 팔린다는 단순한 이유로 위험부담이 있는 제품을 만들기 위해 과다하게 돈을 쓴다는 것에 익숙지 않았다. 농민들은 기존의 제품을 샀고, 그것들로부터 좀 더 이익을 내는 것이 더 쉬운 방법이었다.

그러나 존 디어는 어쨌든 새 트랙터 프로그램을 밀고 나갔다. 가장 근접한 경쟁자와의 거리를 확보할 것이라는 확신을 가졌기 때문이다. 이 회사의 뉴 제너레이션 파워는 미국 들판에 농업 혁명의 불씨가 되었다.

헨리 드레이퍼스의 디자인 기술이 또다시 유용하게 쓰였다(존 디어와 헨리 드레이퍼스 앤드 어소시에이츠의 관계는 드레이퍼스가 죽은 1972년 이후에도 지속되었고, 오늘까지도 존재한다). 드레이퍼스는 한동안 트랙터의 색깔을 가지고 논란을 벌이더니 그냥 초록색으로 두기로 결정했다. 크기와 파워가

커진 엔진은 둥근 한판짜리 금속 후드 밑에다 보이지 않게 집어넣을 수 있었다. 그렇게 함으로써 이 기계가 늘어난 파워를 잡아당기고 더욱 강화시키는 중이라는 시각적 인상을 주는 데 기여했다.

드레이퍼스는 또 눈에 보이는 연결 부분이나, 나사 또는 거대하다는 인상을 주는 것이면 무엇이든 피할 것을 요구했다. 그럼으로써 트랙터를 날씬하고 세련되어 보이게 만들었다. 좌석 디자인에는 드레이퍼스의 의견이 상당히 반영됐는데 철제 의자에 환기를 위해 뚫은 전형적인 구멍을 좀 더 작고 편안한 일자 틈새로 바꾸었다. 이 변형으로 좌석은 움직이는 세 조각의 의자가 되었고, 운전자는 간단히 작동하는 레버를 이용해 자기 몸에 맞춰 의자를 조절할 수 있게 됐다.

땅 그 자체와 같이, 갈고 씨 뿌리고 그 하사품을 거둬들이는 특별한 종류의 사람들과 마찬가지로, 농기구들은 오늘날의 고도로 세련된 기계들 중에서도 특히 검소하고 소탈하면서도 거역할 수 없는 품질을 갖고 있다. 존 디어의 엔지니어들은 그것을 이해하기 때문에 수많은 그들의 농기구에 존 디어의 오랜 경험이 반영되기를 원한다. 기능성, 단순성, 지구성, 안전성 그리고 바람과 태양 아래 오랜 시간을 사는 사람들을 위한 안락함. 고객을 위해 우리는 여러 공장에서 만들어지는 제품이 미국 및 해외에서 많은 종류의 일을 할 수 있도록 디자인을 통합한 '얼굴'을 만든다.

―헨리 드레이퍼스(1904-1972)

CEO 빌 휴잇이 지휘한 완벽한 마케팅 운동에 의해 뉴 제너레이션 파워 트랙터는 1960년 댈러스에서 '디어 데이'라고 불린 대규모의 회사 주관 이벤트를 통해 모습을 드러냈다. 새 트랙터 — 존 디어는 우선 2개의 4실린더 모델 신제품을 더버크 공장에서, 2개의 6실린더 신제품을 워털루 공장에서 출시했다 — 와 마찬가지로 1960년 댈러스는 시골의 투박함과 도시의 세련됨이 뒤섞여 이 신제품을 선보이기에 완벽한 배경을 갖추고 있었다. 시각적인 효과를 위해 존 디어는 비밀리에 댈러스 코튼 볼 스타디움 근처의 주차장으로 136대의 신제품 트랙터와 다른 기계 324점을 실어 보냈다. 수천 명의 존 디어 딜러와 기자들, 미국 전역으로부터 초대된 하객들이 존 디어의 새 트랙터를 보기 위해 댈러스로 날아왔다. 대부분의 사람들이 코튼 볼 스타디움 근처의 주차장에서 제품을 보고 만지고 느낄 수 있게 될 것이다. 그러나 그 전에 봐야 할 것이 있었다. 새 디자인의 도착을 알리는 화려한 제막식, 그것도 다른 장소가 아닌 바로 니먼 마커스 백화점(주로 명품들을 취급하는 최고급 백화점: 역주)에서 열리는 제막식을 먼저 봐야 하는 것이다.

트랙터는 백화점 보석 코너 근처에 놓여졌다. 커다란 선물 상자에 넣어 리본을 묶고 '전에 한 번도 본 적이 없는 것을 곧 보게 될 것'이라는 말을 적은 카드까지 달아 호기심 많은 구경꾼들로부터 숨겨놓았다. 1960년 8월 30일, 제막식을 위해 상자 앞에 선 사람은 휴잇, 그의 부인 티쉬, 헨리 드레이퍼스, 그리고 스탠리 마커스였다. 상자 옆에는 반짝이는 구슬로 장식한 드레스를 입은 모델이 서 있었다. 티쉬 휴잇이 벨벳 쿠션 위에 놓여 있는 큰 가위를 집어 들고 리본을 자르자 존 디어 이름이 붙은 강력한 파워의 4실린더 트랙터가 근사한 모습을 드러냈다. 사방에서 카메라 플래시가 터졌다. 트랙터는 다이아몬드로 장식되었고, 초록과 노란색 페인트가 니먼 마커스 백화점 바닥에 비쳐 반짝거렸다. 아마도 농장이 패션의 첨단이 된 것은 미국 역사상 처음 있는 일이었을 것이다.

너무나 감동한 나머지 휴잇은 새 트랙터가 경쟁자인 인터내셔널 하비스터를 앞질러 농업 및 산업 트랙터와 장비 부문에서 세계 유수의 공급업체가 될 것이라는 과감한 예견을 했다. 그의 예견은 현실이 되었다. 4년도 안돼 존 디어의 판매는 거의 60%(1960년 5억1천만 달러에서 1964년 8억1천6백만 달러)나 신장했고, 직원도 1만1천 명이나 새로 영입했다. 존 디어는 1963년 인터내셔널 하비스터를 앞질러 농업 및 산업 트랙터와 장비 부문에서 세계 최대의 생산 및 판매업체가 되었고, 그 지위를 한 번도 포기하지 않았다. 같은 해 회사는 과감히 소비자시장에 도전했다. 잔디 및 정원용 트랙터뿐 아니라 제초기와 제설기도 생산 판매하기로 결정한 것이다. 봅 레인의 말이다.

"휴잇은 도전장을 내고 이 회사의 완벽한 성공을 향한 발대식을 가졌다."

▟▖ 임무를 반영한 빌딩

어떤 회사의 성격을 적절히 규정하기 위해서는 그 회사의 본부 건물 밖에 잠시 서서 바라보기만 해도 된다고 사람들은 말해왔다. 존 디어의 경우 확실히 그렇다. 디어 앤드 컴퍼니 세계 본부로 알려진 건물은 물, 나무, 잘 손질된 잔디밭, 그리고 시골의 정적이 이루는 풍경을 배경으로 시공을 초월한 듯 서 있다. 회사와 마찬가지로 건물도 설계 단계에서부터 땅을 기반으로 했고, 건물과 뒤섞여 있는 나무들처럼 땅 위에 편안하게 서 있다. 1400에이커에 달하는 존 디어 본부는 멀린 중심가로부터 7마일 떨어진 곳에 있다. 1950년대 중반 존 디어가 선택한 곳이다. 미시시피 강가에 있는 공장이 노후하기 시작했을 때 회사의 새 행정센터를 지을 곳으로 선택된 곳이다. 유머 감각과 역사를 존중하는 마음, 지기 싫어하는 열정 등으로 사람들의 기억에 남아 있는 휴잇은 스타일에 대한 감각 또한 뛰어나 적은 비용으로 장기적으로 회사에 스타일을 부여하고자 노력했다. 멀린의 본부 시설보다 그의 비전을 더 잘 반영하는 것은 없다.

휴잇은 1955년 사장으로 재직할 때 새 트랙터 프로그램을 밀어붙였던 것과 마찬가지로 2년도 채 안돼 회장으로 있을 때 최첨단의 새 행정센터를 지어야 한다고 역설했다. 1950년대 멀린 중심가에 있던 디어 건물은 지역과 시기와 보수적인 중서부 사무실의 전형으로 미적인 면보다는 확장에 대비해 창고 사이에 사무실을 배치한 형태였다.

그러나 휴잇은 회사를 지역적이 아니라 세계적인 존재로 보았다. 닥치는 대로 계획하는 대신 미리 계획된 무한한 존재로 보았다. 존 디어는 멕시코 등 미국 밖의 농업지역을 개발하며 확장 일로에 있었고, 휴잇은 세계적 기업으로서의 존 디어와 직원들의 요구를 반영한 본부 건물이 필요하다고 믿었다. 이 임무를 완수할 건축가를 찾던 그는 당시 세계 최고였던 에로 사리넨Eero Saarinen과 계약을 했다.

워싱턴 덜레스 국제공항, 미시건주 워렌의 GM 기술센터 등 미국 대표적 건축물을 설계한 핀란드 출신 사리넨은 일부 이사들 눈에는 돈이나 취향 면에서 좀 지나친 것으로 평가되었다. 그가 제안할 시설과는 비교가 안될 정도로 소박한 건물에서 존 디어가 120년이나 지내온 것을 생각할 때 더욱 그랬다. 그러나 휴잇은 세계적 수준의 건물이 오늘날의 존 디어를 더 잘 대표할 것이라는 데 확신을 갖고 있었다. 몇 년 전 제품 디자인을 위해 드레이퍼스와 계약을 했듯이 건물을 위해 사리넨과 계약을 했다. 1957년 8월 23일 사리넨에게 보낸 편지에 휴잇은 이렇게 썼다.

이 회사를 만들고 그것이 성장하고 번영하게 만든 사람들은 힘센 사람들이었습니다. 투박하고 정직하고 땅과 가까운 사람들이었습니다. 창사 이래 제품의 품질과 농민, 딜러, 납품업체 그리고 일반 대중과의 관계에 있어서 정직함은 존 디어의 안내자였습니다.

우리의 전통과 미래를 생각할 때, 새 본부 건물 안에서 일할 사람과 방문객을 생각할 때, 나는 이 건물이 개념에 있어서 완벽하게 현대적이어야 하지만 동시에 현실적이고 소박해야 한다고 믿습니다.

휴잇은 소원을 이뤘다. 비록 1961년 계약서에 사인한 직후 죽었지만 사리넨은 1964년 완성되었을 때와 똑같이 오늘날에도 현대적이고 유용하게 쓰이는 건물을 설계했다. 강과 숲이 있는 협곡으로 이루어진 높고 낮은 지형의 이점을 이용하여 튼튼하고 어두운 색깔의 건물을 인공 호수 위에 앉힘으로써 그 안에 있는 사람들이 마치 나무 위에 올라 있는 듯한 느낌을 갖게 만들었다. 존 디어 세계 본부는 유리와 처리하지 않은 철제를 사용한 7층짜리 건물로 모든 사무실에서 탁 트인 바깥 전망이 보였다.

건축비만 8백만 달러가 든 이 건물은 확장에 대비해 융통성을 발휘하도록 지어졌으며 (벽과 내부 시설은 서로 교환이 가능하고 재조립도 쉽게 돼 있다) 존 디어의 성격을 독특하게 나타내고 있다.

"가볍고 현대적인 또는 거창한 건물은 맞지 않았을 것이다." 사리넨의 말이다. "농기계는 세련되고 반짝거리거나 금속성이 아니라 크고 힘세고 기능적인 형태로 쇠를 두드려 만든 것이다."

그는 철제가 그대로 드러나게 했고, 금속미늘창으로 해를 가리는 독특한 시스템을 사용했다. 미늘창은 해를 하루 중 거의 90% 가려주기 때문에 커튼이나 블라인드가 필요치 않았다. 설계는 세 개의 빌딩의 복합체인데 우선 900명을 수용하도록 지어졌다. 본관 사무실 건물은 7층으로 숲이 우거진 협곡에서 솟아올라 두 개의 연못을 마주보고 있다. 유리로 둘러싸인 다리가 본관 건물과 제품 전시 빌딩, 그리고 400명을 수용하는 강당으로 연결한다. 건물은 오늘날 그 나이를 전혀 가늠할 수 없다. 복도는 세계 최고를 자랑하는 미술

존 디어 본사

품 컬렉션으로 치장되었고, 가깝게는 1990년대까지도 세계 주요 건축상을 석권했다.

■■ 제품 재투자의 중요성

존 디어의 제품과 디자인 혁신 추구는 회사와 역사를 같이한다. 심지어 자금이 극도로 쪼들린 농업 불황기, 미래의 제품에 과다하게 투자한다는 것이 바보 같은 일로 보일 때조차 그랬다.

존 로슨은 44년 동안 근무했지만 가장 어려운 시기에조차도 연구 개발비를 삭감하자는 사람을 한 명도 본 적이 없다. 1980년대 극심한 농업 불황기에도 존 디어는 실제로 트랙터와 콤바인에 더 많은 토크와 파워와 기능을 부여했다. 가장 힘든 시기에도 초창기부터 지켜왔던 목표는 한 번도 유보되지 않았다. 경기와 상관없이 혁신을 통해 고객에게 봉사하기 위해서였다.

2001년 농업 및 전반적인 경제가 심히 어려운 데도 불구하고 다시 신제품에 엄청난 투자를 한 것도 그 때문이다. 일부 농기계 업체들은 신제품의 개발을 연기하고 있었다. 존 디어는 순전히 농업시장을 위해 50개도 넘는 신제품을 시장에 내놓았다. 가장 괄목할 만한 것이 신제품 8020과 8020ST 시리즈 트랙터로 파워 컨트롤을 새로 정비한 것이었다. 상황이 나빠지면서 이익은 줄어들었다. 그럼에도 존 디어는 경쟁력을 더욱 강화하기 위해 공격적인 행동을 취했다.

"1980년대는 특히 어려웠다." 로슨의 말이다. "제품 평가회의에 가면 회장을 비롯한 모든 중역들이 나와 있었다. 원가는 절감해야 했지만 엔지니어링은 언제든지 지원을 받았다. 차세대 제품 개발을 지연시키는 것은 한 번도 본 적이 없다. 우리에게는 신제품을 조달해야 한다는 의무감 같은 인식이 있었다."

로슨은 지난 40여 년간 진화해온 존 디어 제품 라인을 회상해 보기를 즐겨한다. 존 디어 파빌리온에 가서 전시된 제품들을 돌아보며 1960년 2실린더 트랙터가 만들어진 이래 크기, 파워, 디자인이 얼마나 많이 변해왔는지를 보며 놀란다.

변화는 쟁기같이 지속되어온 존 디어 제품에만 있었던 것이 아니라 최근 개발품에도 마찬가지로 존재한다. 그들 중 상당수가 헨리 드레이퍼스의 영향을 아직도 반영하고 있다. 산업디자이너 드레이퍼스에게서 회사가 경험한 것은 대단한 것이었다. 트랙터 디자인은 물론 그 사람 자체를 훨씬 넘어서는 것이었다. 제품 디자인뿐만 아니라 드레이퍼스는 회사의 트레이드마크와 그래픽을 새로 디자인 하는 것에서부터 기업홍보 영화에 이르기까지 지대한 영향을 미쳤 고, 또 세계 본부에서 소장할 그림, 태피스트리, 조각품을 선택하는 데도 많은 조언을 했다. 그는 에로 사리넨에게 본부 건물 설계를 맡기라고 권유하기도 했다. 1972년 드레이퍼스가 죽자 존 디어는 그의 회사 헨리 드레이퍼스 앤드 어소시에이츠와 여러 프로젝트들을 긴밀히 협의했다.

■■■ 새로운 근거를 개척하다

인기 있는 존 디어 게이토보다 더 이 개념을 잘 예시하고 있는 것은 없다. 오프로드 유틸리티 차량인 게이토는 다목적 기능 때문에 지속적으로 신시장을 개척해왔다. 애플의 아이팟iPod.이 개인 음악 청취기구의 새로운 장르를 개척한 것처럼 존 디어의 게이토는 오프로드 유틸리티 차량에 새로운 시장을 열어놓았다. 존 디어 엔지니어들과 헨리 드레이퍼스 앤드 어소시에이츠가 공동 개발한 이 제품은 우수 제품상을 받았을 뿐 아니라 전천후 차량(ATV)의 대체품으로 필요성이 확인된 것이었다.

1980년대에 개발되고 1987년 존 디어 웰란드 공장에서 처음 제조된 게이토 유틸리티 차량은 파워와 투박한 화려함의 독특한 조합으로 우선은 군대와 프로 축구팀으로부터 인기를 끌었다. 차량 및 부상자들을 운반하는 데 탁월한 효능을 발휘했기 때문이다. 게이토는 시속 20마일(특별한 용도를 위해 성능을 개선하지 않는 한)까지 속력을 낼 수 있으며, 모터사이클처럼 컨트롤할 수 있어 전통적인 ATV보다 운전대와 페달의 기능을 자랑한다. 승객을 전통적인 골프 카트보다 더 안락하게 수송하고 험한 언덕을 올라가고 무거운 짐을 운반하는 파워를 가지고 있다.

군대를 위해서는 특별한 모델이 채택되었고, 2001년 9·11 사태 후 그라운드 제로(폭파된 월드 트레이드 센터 자리: 역주)에서 잔해더미를 지나갈 수 있는 특수 장비가 필요했을 때 존 디어는 50대의 게이토를 보내 구조대가 사용토록 했다. 인기 만점의 게이토 판매는 출시 이래 상당히 늘어났고, 변용과 용도가 계속 추가되었다.

그러나 초기에는 딜러들이나 고객들이 게이토에 뭐가 들어 있는지 몰라 기계가 공장에서 놀고 있었다. 내슈빌 근처에 있는 딜러 리처드 밀러는 말했다. "큰 남자아이들에게 주로 장난감으로 팔았다." 그러나 고객들이 '이 기계가 얼마나 만능기계인지 알기 시작하고부터' 팔리기 시작했다고 그는 회상한다.

게이토의 성공에 신이 난 존 디어는 라인을 증설해 잔디를 손상시키지 않는 골프 코스용 터프 게이토 같은 변형모델을 만들어냈고, 군대나 스포츠팀을 위해서는 의자를 당겨 간이침대를 만들 수도 있게 했다. 그 결과 이 제품 라인은 다양한 이용자에게 인기 품목이 되었다. 소규모 농장주에서부터 스포츠팀의 의사, 골프 코스 관리자에 이르기까지 이 오프로드 유틸리티 차량의 다양한 용도를 발견한 사람들은 존 디어의 초록색 기계에 반했다.

존 디어가 연구개발에 지출한 돈이야말로 회사로 하여금 창사 이래 혁신적인 이점을 유지할 수 있게 해준 가장 큰 이유이다. 존 디어는 주요 경쟁사보다 순판매 대비 연구개발비를 훨씬 더 많이 지출한다. 미래의 해결책을 찾기 위해서다. 예컨대 2003년 존 디어 농기계 부문은 순판매의 4%를 연구개발에 투자했는데, 최대 경쟁사가 지출한 것의 거의 두 배에 달하는 돈이다. 게다가 AGCO 같은 경쟁사는 여러 개의 브랜드에 돈을 뿌렸지만 존 디어는 오직 한 브랜드에만 돈을 썼다. 이처럼 혁신에 포커스를 맞춤으로써 존 디어는 리더가 될 수 있었고, 고객들이 더욱 높은 생산성을 올릴 수 있게 해주었다.

1837년에 그것은 찐득거리는 흙이 날개에 붙지 않는 쟁기를 만드는 것을 의미했다. 1960년에 그것은 농민들이 보아온 그 어떤 것보다 더 파워가 좋고 안락하고 스타일이 좋은 트랙터를 만드는 것을 의미했다. 2005년에 그것은 GPS 같은 고도의 테크놀로지를 이용해 가장 생산성이 높은 길로 안내함으로써 농민들로 하여금 최첨단 시스템으로 비용과 생산량을 조절할 수 있도록 한 콤바인을 만드는 것을 의미한다.

밥 레인은 존 디어가 비용 면에서 뿐만 아니라 회사의 핵심가치인 혁신과 맞아떨어지는 창의력이나 비전이라는 면에서 더 잘 할 수 있다고 믿는다.

"콤바인의 크기나 파워에는 한계가 있다. 그러나 더 똑똑해지는 데는 한계가 없다. 밭에서 운전을 하는 시간을 줄이고 작물에 관한 정보를 차에서 들을 수 있게 된다면 그 농민은 수익을 늘리는 데 자기 노력을 더 경주할 수 있을 것이다.”

레인은 존 디어가 때로 “혁신은 느리고 발명은 가볍고 고객 관리는 흐리멍텅할 때가 있다”고 말했다. 그는 회사가 몇 개의 특허를 갖고 있기는 하지만 자기 제품을 생산하는 데 흔히 다른 사람이 개발한 테크놀로지를 사용한다는 점을 지적한다. 예컨대, 농업에서 혁신의 리더가 되려는 임무는 완전히 새로운 트랙터를 개발하는 일처럼 급진적인 일이 아닐 수도 있다. 좀 더 정확한 파종 방법으로 농민들의 효율을 높이는 테크놀로지를 찾아내는 일일 수도 있다. 건설에서는 하청업자들이 현장을 준비하는 방법을 바꾸는 장비를 설계해 놀라울 정도로 효율을 높일 수 있게 해주는 것을 의미할 수도 있다.

한 가지 예를 보자. ‘존 디어 1690 소이빈 스페셜’은 각 고랑마다 필요한 종자, 심지어 간격, 작물의 최대 성장치, 수확량까지 농민에게 정확하게 계산해주는 파종기이다. 또 다른 예. ‘군대용 R-게이토’는 존 디어와 아이로봇iRobot이 합작으로 만든 것인데, 테크놀로지를 사용하여 위험하고 힘든 임무를 자율적으로 완수하는 무인 지능 차량이다.

존 디어는 고객의 생산성을 향상시키는 제품을 개발하는 오랜 역사를 자랑하고 있다. 또한 거기서 한 발 더, 그리고 더 빨리 나아가고자 하는 레인의 집념은 변화를 창출하는 추진력으로 혁신을 이용한다는 회사의 약속을 한층 더 강조하고 있다.

4

항상 성실성을 유지하라

존 디어에서는 회의실 원탁에 둘러앉은 사람들 모두 상대방이 완벽하게 준비되어 있다는 것을 안다. 서로 의견을 교환하고 그 힘을 이용해 전진할 수 있게 하는 것이다. 말을 돌려하거나 회장의 비위를 맞추려고 문제를 애매하게 분석하는 것은 용납되지 않는다.

　존 디어의 네 가지 핵심가치 중 회사의 지속성에 가장 책임을 져야 하는 것은 세상 무슨 일이 있어도 비즈니스는 성실성을 가지고 해야 한다는 직원들의 끊임없는 결의라고 할 것이다. 대부분의 회사들이 혁신을 추구하고 품질을 얘기하지만 중요도의 피라미드 맨 꼭대기에 성실성을 놓고 그것을 한 순간도 다른 것으로 대체하지 않은 회사는 별로 없다. 그러나 존 디어에게는 성실성이야말로 절대 타협할 수 없는 남다른 특질이다.

　창업자 존 디어는 비록 지나치게 확장한 경향이 있기는 했지만 비즈니스를 하는 방식의 기초를 바르게 세웠다. 스스로 사무실과 지역사회에서 열정과 정직성, 그리고 모든 사람들과 함께 일한다는 자세로 일했다. 지역의 교회나 자선기관에서 시간과 돈을 관대하게 쓴 것으로 알려진 존 디어는 모든 사람들에게 기회가 주어져야 하며 공정함이야말로 사회를 평등하게 만드는 것이라고 믿었다.

이런 특성은 그의 아들 찰스 디어에게 물려졌는데 그는 16세부터 회사에서 일하기 시작해 아버지에게서 배웠다. 찰스 디어는 말했다.

"오늘, 1860년 2월 7일부터 나는 결코 내가 지불하기를 기대하지 않는 서류에 내 이름을 올리지 않을 것을 하느님 앞에 맹세한다."

그는 49년 동안 회사를 운영했다. 아버지보다 거의 두 배나 오랜 기간이었고, 1907년 그가 죽자 사위인 윌리엄 버터워스가 CEO가 되었으며, 핵심가치로서의 성실성의 중요도는 회사 내에 굳건하게 자리 잡았다.

존 디어 역사상 몇 번이나 성실성은 결정적인 순간을 맞았다. 첫 번째는 1930년대 초 대공황 때였는데, 직원들과 고객들을 지원하기 위해 어려운 재정적 결정이 내려졌던 때였다.

1931년 대부분의 직원이 저축을 하고 있는 은행에서 대규모 횡령 사건이 발생해 직원 수천 명의 재정을 위협했다. 멀린에 있는 피플스 세이빙스 은행은 디어 앤드 컴퍼니와 밀접하게 연결돼 있었다. 은행 창립자 중의 한 명이 찰스 디어였고, 1931년 사장이 윌리엄 버터워스였기 때문이다. 존 디어의 수천 명의 직원들이 74년의 역사를 가진 이 은행을 단골로 이용했고, 회사도 2백만 달러가 넘는 돈을 잔고로 유지했다.

연방정부 은행 감사원은 피플스 세이빙스 은행의 창구 직원 한 명과 두 명의 다른 직원이 120만 달러가 넘는 돈을 장기간에 걸쳐 횡령하여 부동산 투자로 대부분의 돈을 날렸다는 결론을 내렸다.

손해가 거의 대부분 회복될 수 없다는 의미였다. 윌리엄 버터워스는 당시 존 디어의 회장을 역임하며 동시에 미국 상공회의소 회장직도 연임하고 있었다. 사장인 찰스 디어 와이먼은 횡령사건을 통보받고 어려운 결정을 내려야만 했다. 은행의 손해를 물어낼 것이냐, 아니면 감사원으로 하여금 부도처리를 하게 할 것이냐 하는 결정이었다. 후자로 결론이 나면 그렇지 않아도 힘든 불황에 디어 앤드 컴퍼니의 수많은 직원들의 저축액이 모두 날아갈 판이었다.

결정을 내려야 할 날이 되자 와이먼은 디어 앤드 컴퍼니의 동료 이사들에게 이렇게 말했다.

"내가 보기에 이 은행에 대략 7백만 개의 계좌가 있는데 상당 부분이 우리 공장에서 일하는 사람들의 월급계좌이다. 은행이 문을 닫으면 그들에게 미치는 영향, 그로 인해 결과적으로 회사에 미치는 영향은 실로 계산할 수 없을 만큼 엄청나다."

다음날 디어 앤드 컴퍼니는 멀린의 피플스 세이빙스 은행에 129만 달러의 수표를 끊었다. 횡령사건의 소문이 마을을 휩쓸었을 때는 사람들이 이미 회사가 손해를 막아주었다는 것과 단골고객들이 돈을 빼내 은행을 망하게 하지는 않았다는 것을 알고 난 후였다.

은행은 1933년 새 은행인 멀린 내셔널 뱅크가 설립될 때까지 2년 더 영업을 했다. 디어 앤드 컴퍼니는 멀린 내셔널 뱅크의 주식을 90% 이상 소유했고, 계좌를 옮긴 예금주들이 끊임없이 문제를 일으키는 피플스 세이빙스 은행 때문에 손해를 입지 않도록 한동안 보살폈다.

■■■ 도움의 손

1930년에서 1933년까지 불황이 심화되자 수많은 존 디어 직원들과 고객들의 재정 상태는 더욱 나빠졌다. 매출은 1930년 6천4백만 달러에서 1933년 8백7십만 달러 수준으로 급락했다. 대량해고, 월급 및 연금 삭감, 유급휴가 취소가 불가피했고, 남은 직원들도 조업 단축에 들어갔다. 3년 동안 70%의 직원이 해고됐다. 그러나 존 디어는 직장을 잃은 사람들에게 계속해서 의료보험을 지급했고, 회사 사택의 임대료를 낮춰주는 혜택을 주었다.

공황기 동안 농민들의 형편도 나을 것이 없었다. 대평원에 찾아온 지독한 가뭄은 극심한 재정적 스트레스와 더불어 수많은 농민들을 최소한 일시적으로나마 망하게 했다. 존 디어는 농민들에게 판 농기계값 미수금이 수백만 달러에 달했고, 대부분의 농민들은 불황과 가뭄 때문에 대금을 지불할 능력이 없었다.

존 디어에게는 두 가지 선택이 남았다. 장비를 다시 회수하거나 아니면 나중에 상황이 개선되면 받기로 하고 농민들에게 은혜의 손길을 뻗치는 것이었다. 그들은 후자를 택했다. 농민들에게 과태료 없이 불황기가 지날 때까지 기다려준 것이다. 존 디어의 많은 고객들이 아직도 이 회사에 충직한 것은 그들의 가족이 이 회사 때문에 공황기에 땅과 농장을 지킬 수 있었기 때문이다.

그러나 공황은 회사에 특히 더 심한 고통을 안겨주었다. 극심한 재정적자(1932년에 4백만 달러)를 기록한 데다 너무나 많은 어려움으로 내부의 스트레스도 매우 심했기 때문이다.

존 디어의 성실성에 대한 약속

성실성이란 진실을 말하고, 약속을 지키고, 다른 사람들을 공정하게 대하고 존경하는 것을 의미한다. 그것은 정직한 관계, 우리의 성공에 관심을 갖고 있는 모든 사람들에게 공평한 이익이 돌아가도록 하는 효율적인 결정, 도덕적 법적 행동에 대한 의심 없는 약속을 통해 구현된다.

우리는 장기적인 안목에서 이런 기대에 부응하고자 한다. 우리의 명성은 상당 부분 항상 성실성을 가지고 행동하려는 우리의 의지에 기초하고 있으며, 이것이야말로 우리가 가장 값지게 생각하는 자산 중의 하나다.

와이먼보다 더 고생을 한 사람은 없다. 버터워스가 없는 동안 대부분의 결정에 대한 책임을 그가 맡았기 때문이다. 그러나 직원과 고객들을 구제해준 것 외에 와이먼과 존 디어가 한 일은 적극적으로 제품 개발을 지속한 것이다. 1932년과 1933년 신제품 매출이 거의 제로였다는 사실에도 불구하고 와이먼은 신제품 개발을 몰아붙였다. 그 결과가 모델 A와 모델 B 트랙터인데, 결국은 그것이 베스트셀러가 된다. 결국, 공황이 존 디어에게 힘들었던 만큼 역사는 제품에 대한 회사의 약속, 그리고 직원과 주요 고객에 대한 충성이 회사 역사의 주요 전환점이 되었다는 것을 보여준다.

회사는 경쟁사들보다 유리하게 공황을 극복한다. 더욱 굳건해진 고객의 충성심과 신제품 덕분이었다. 1936년이 되자 존 디어는 가장 강력한 라이벌인 인터내셔널 하비스터가 누렸던 시장에서의 리더십 자리를 놓고 각축을 벌이게 된다.

■■■ 원칙을 고수하라

오랜 세월에 걸쳐 존 디어의 철학과 핵심가치에 관한 이야기들
은 직원들에서 직원들로, 세대를 거쳐, 작업장에서, 사무실에서
그리고 이사회 회의실에서 구두로 전해져왔다. 일부는 자기 개인
적인 경험에 관한 이야기를, 또 다른 사람들은 공황기 동안 존 디
어가 농민들을 망하게 내버려두지 않았다는 등 회사와 관련된 이
야기를 했다. 이는 회사의 모든 계층에서 볼 수 있는 리더십의 한
좋은 예이다. 비즈니스를 운영함에 있어서 가치를 기본으로 해야
한다는 것을 모든 직원에게 이해시킨 것이다. 여러 가지 내부 의
사소통 경로를 통해 회사의 가치체계를 강화해왔지만 그것이 더
직접적으로 강조된 것은 오랜 세월에 걸친 문화의 진화에 의해서
였다.

그러나 1950년대 말과 1960년대 초, 빌 휴잇의 리더십 아래 회사
가 크게 성장했을 때(1964년에는 거의 4만 명을 고용한다), 북미 대륙과 전 세
계로 확장되고 더 많은 직원들이 고용되자 어떻게 비즈니스를 운영
할 것인가를 분명히 하는 문제가 존 디어의 문화를 미래에까지 지
속시키는 데 매우 중요하다는 사실이 지도부에 각인되었다. 오랜
세월 푸른 회보(푸른색 종이에 인쇄된 뉴스레터)가 전사적인 내부 의사소통
의 주요 수단이었다. 푸른 회보는 승진, 새 직급, 때때로 있는 회사
방침 전달 및 생일 등을 발표하는 포럼이었다.

우디 커티스E. F. Woody Curtis는 1950년대 중반 존 디어의 사장이었
는데, 휴잇의 요청에 의해 회사 입장을 전 직원에게 알리는 가장 좋

은 방법을 고안해내는 일에 몇 년간 매달렸다. 초안이 커티스, 재무 담당 조지프 데인, 그리고 휴잇 사이를 왔다 갔다 하다 1960년대 초 부서 내 커뮤니케이션은 계속해서 푸른 회보를 사용하고, 새 포맷인 초록 회보는 회사 정책과 가치를 직원들에게 분명하게 확립시키는 데 사용하기로 결정이 났다. 초록 회보는 아주 드물게 발행되었는데 내용의 중요성을 강조하며, 존 디어 CEO 이름으로만 발행되었다.

존 디어 초록 회보는 1964년 여름 휴잇에 의해 첫호가 발행되었는데, 이 회사의 새 행정센터가 문을 연 것과 우연히 일치했다. 초록 회보 시리즈를 발행하는 필요성을 직원들에게 설명한 그의 논평은 40년이 지난 지금도 여전히 유효하게 적용된다.

"이 새로운 회보의 창간호가 이때 발간되는 것은 아주 시의적절하다"면서 휴잇은 직원들에게 이렇게 말했다. "디어 앤드 컴퍼니의 행정센터의 개소는 최근 몇 년 동안 전사적으로 성취한 대단한 진전을 상징적으로 보여주며, 또 오늘날 비즈니스 경제를 특징짓는 급격한 변화와 점증하는 복잡성을 강조한다. 한편 우리는 존 디어의 이름을 해외에서 확립하고자 하는 중요한 노력을 경주 중이다. 그러므로 변화의 한가운데서 최대한 오랜 세월 존 디어를 세우고 이끌어온 사람들에 의해 축적된 지혜를 강조하고 우리 스스로를 헌신하는 것은 특히 더 중요하게 생각된다. 그것은 그들의 지도력이었고, 그들의 유산으로 남아 있다. 우리들의 일상에서 살아 있어야 하고, 우리의 노력에 의해 신장되어야 한다."

휴잇은 직원들에게 '기본 원칙'을 설명하기 전에 정책을 공식적으로 발표하는 것은 존 디어에서 한 번도 없었던 일이지만 정책을 만들 때 사용되어야 하는 원칙을 확립하는 일은 대단히 중요하다고 말했다. 원칙을 발표하면서 그는 존 디어 직원 수칙에 대해 얘기했다. 예컨대, 비즈니스는 시장이 프리미엄을 지불할 의사가 있는 제품과 서비스에 근거해야 한다, 회사는 이익을 내야 한다, 능력이 허락하는 한 신장해야 한다, 상호이익은 회사조직과 관련한 모든 관계의 가장 건전한 기초다 등이다.

"조직과 그 안의 개인으로서 우리의 지속적인 성공의 기반은 바로 성실성과 우수성이다. 그 성실성과 우수성은 무엇으로 이루어지는가?"

휴잇은 자기가 가장 중요하게 생각하는 원칙을 직원들에게 강조하면서 초록 회보의 논평을 끝냈다.

- **모든 언사에 공손 Courtesy할 것.**
- **모든 거래에 정직 Honesty할 것.**
- **모든 개인적 행동에 위엄 Dignity을 가질 것.**
- **모든 사고에 진취적 Progressiveness일 것.**
- **모든 비판에 건설적 Constructiveness일 것.**
- **모든 일에 품질 Quality을 부여할 것.**

초록 회보 시리즈의 증보 편은 휴잇에 의해 1966년과 1975년에 다시 발간되었다. 존 디어 조직의 분산화 정책 — "우리가 이 개념을 어느 정도까지 실천하는가는 수많은 우리의 경쟁자들보다 지속적으로 뛰어날 능력을 재는 수단이다” — 과 제품의 품질, 그리고 신뢰도를 강조했다.

1982년 경제 불황이 엄습하려는 시기에 휴잇의 뒤를 이은 로버트 핸슨은 회사의 변화와 그 실천방안을 반영한 약간의 수정만 가해 원래의 초록 회보를 재발간했다. 1990년대에 한스 베커러도 똑같은 작업을 했지만 두 번 모두 존 디어의 핵심가치를 다룬 섹션은 1964년의 원본을 거의 손대지 않은 채 그대로 두었다.

1990년대 확장일로의 비즈니스 접근방식에 뒤이어 21세기로 접어들면서 미국의 가장 신뢰받고 존경받던 몇몇 회사들이 의심스러운 비즈니스 관행과 의사결정 때문에 공개적으로 시련을 겪었다. 존 디어의 가치에 의거한 의사결정이 당시에는 뒤떨어진 것처럼 느껴졌을지 몰라도 유행과 상관없이 정식으로 비즈니스를 한다는 장구한 세월에 걸친 접근방식은 확장일로의 1990년대 방식이 새로운 세기의 보수적인 비즈니스 철학으로 바뀌었을 때 큰 역할을 했다. 많은 존 디어 직원, 주주 및 고객들은 한 세기 반이 넘도록 지켜온 태도에서 벗어나지 않은 회사의 문화에 대단히 만족했다.

“이런 가치에 대한 고집과 초록 회보는 스캔들이 밀어닥쳤을 때, 그리고 몇몇 회사들의 경우를 보았을 때 우리로 하여금 감사한 마음을 갖게 했다.” 마이크 오어의 말이다. “우리는 우리가 아는 오직 한 가지 방법만을 고수해왔다.”

2004년 8월 봅 레인에 의해 재발간된 초록 회보도 메시지와 단어가 좀 더 현대적이 되었을 뿐 존 디어의 가치를 강조하는 면에서는 달라진 것이 없었다. 레인은 또 250명에 달하는 리더십 팀 각자에게 자기 손으로 직접 쓴 편지도 전달했는데, 초록 회보의 지침이 얼마나 잘 적용되고 있는지 관찰할 것과 회사의 가치를 지속시켜 가는 것의 중요성을 강조했다. 덧붙여 12개의 회보 시리즈 발표문에서 그는 '어떻게how' 란 단어를 특히 강조했다. 레인의 말이다.

"최신판 초록 회보 시리즈를 우선 전 세계 리더십 팀에 나눠주었을 때 나는 그들에게 내 편지에는 오직 한 단어에만 밑줄이 쳐져 있다고 말했다. 많은 사람들이 그것이 무엇인지 들여다봤다. 그리고 중요한 것은 우리가 '어떻게' 그것을 달성하느냐임을 그들은 이해했다."

■ 핵심 가치에 대한 확고한 약속은 우리의 성취를 결과 그 자체뿐 아니라 어떻게 그것을 달성했는가로 판정한다는 사실에 의해 더욱 강조되고 있다.
■ 우리는 무엇을 성취했는가, 그리고 그 결과를 어떻게 달성했는가로 평가받는다.
■ 우리가 어떻게 가치를 평가하는가는 즉각적인 비즈니스 결과를 훨씬 넘어선다.
■ 직원으로서 우리가 어떻게 우리 개개인의 책임을 완수하는가는 우리가 이루는 성공 못지않게 중요하다.

레인은 존 디어 본부나 다른 시설의 직원들 사이를 쉽게 돌아다닌다. 회사의 최고위직이 자기 자신을 직원들보다 더 높게 평가하지 않는다는 것을 보여주는 것이다.

어느 날 아침 일찍 도착한 한 방문객은 그가 말단 직원의 책상에 앉아 전화를 받고 있는 것을 목격한다. 회사 칵테일파티에서 그는 자기 음료(라임을 넣은 생수)를 손수 가져다 마신다. 존 디어 전 세계 리더십 팀 미팅에서는 첫째 줄 좌석에 앉아 동료 직원들의 브리핑을 듣고 노트에 메모를 하기도 한다.

그는 자신의 임무가 회사를 이끌어가는 것임을 안다. 그리고 그것을 가치 있게 생각한다. 확고한 신념을 갖고 밀어붙이지만 어떤 한 사람이 다른 사람들보다 더 중요하게 여겨져서는 안 된다고 생각한다. 그것이 고객이든, 직원이든, 딜러이든, 주주이든. 레인은 회사가 기대하는 바를 직설적으로 솔직하게 얘기한다. 그리고 상대방에게도 똑같은 것을 요구한다. 그것은 성실성의 기초이며 존 디어의 성공에 결정적으로 중요한 것이라고 그는 말한다. 말을 돌려 하거나 회장의 비위를 맞추려고 문제를 애매하게 분석하는 것은 용납되지 않는다.

레인은 나쁜 소식을 빨리 알고 싶어 하고, 그가 '우수한 팀워크'라고 부르는 아름다움을 추구한다. 성실성은 동일된 목표를 달성하기 위한 도약대이다.

그 결과 문제를 해결함에 있어 솔직함이 권장된다. 그렇게 함으로써 동료 직원들이 완벽하지 못한 답안을 정리하느라 시간을 낭비하지 않게 된다. 솔직하게 말한다는 것은 성실하게 답한다는 것을 의미하기 때문이다.

존 디어에서는 회의실 원탁에 둘러앉은 사람들 모두 상대방이 완벽하게 준비되어 있다는 것을 안다. 서로 의견을 교환하고 그 힘을 이용해 전진할 수 있게 하는 것이다. 전 회장인 한스 베커러는 이렇게 말했다.

"좋은 결정을 내리기는 어렵다. 그러나 우리 결정의 질이 존 디어를 남과 다르게 하는 것이다."

과욕을 부리며 무조건 앞으로만 나아가던 1990년대를 지나 기업의 책임이 더욱 강조되는 오늘날 모든 회사들이 주주와 소비자에게 자기 존재를 설명해야 하는 시대가 되었다. 단순히 분기별 실적만 찍어내서는 안 되는 시대가 된 것이다. 존 디어에서는 성실성이 창업 이래 핵심가치였다. 그러나 레인은 회사가 좀 더 위대한 기업으로 성장하는 데 매진하게 되면서 더욱 열심히 성실성을 강화하고 있다. 지금 그것은 그 어느 때보다 중요할 것이다. 그렇다고 지금 이 순간의 미국 기업의 유행과는 아무 상관이 없다. 오히려 바로 존 디어 방식과 관련이 있다.

"존 디어의 장수 비결 중 하나는 저변에 깔린 가치 시스템이다. 모든 것이 존 디어로부터, 그리고 그것을 제대로 한다는 그의 약속으로부터 시작된다. 그는 정말 강력한 의지를 표현했다." 오어의 말이다. "회사는 오늘날 창업 초기와 비교하면 여러 가지 다른 방법으로 비즈니스를 한다. 그러나 한 가지 절대 손댈 수 없는 것은 '어떻게' 우리가 비즈니스를 하느냐이다. 봅 레인은 회사의 가치를 얘기하지 않고는 아무 얘기도 안 한다. 그는 우리가 절대로 그것을 잃지 않는 것이 얼마나 중요한지를 안다."

5

약속은 절대 깨지 않는다

나는 우리 직원들에게 말한다. 우리 고객이 실망하면 그건 우리 잘못이다. 기계가 돌아가지 않으면 그것도 우리 잘못이다. 고객의 장비가 망가졌을 때 그가 달려가고 싶은 곳이 바로 우리 가게여야 한다. 농민들이 어디로 가야 할지 알아내는 데는 많은 시간이 필요치 않다.

존 디어는 1950년대 중반에 이미 세계적인 기업 확장에 돌입했다. 높은 명성의 유럽 농기계 제조업체를 사들일 기회가 왔을 때였다. 이미 멕시코에 진출했고, 중남미에도 진출할 계획을 갖고 있던 터에 빌 휴잇 회장은 존 디어가 확실하게 서유럽과 다른 농업 선진 유럽 국가에서 성공하는 길은 조심스럽게 소규모로 시작하는 것보다 막강한 힘을 갖고 적극적으로 시장을 공략하는 것이라고 생각했다. 그 결과 이사회는 1956년 하인리히 란츠Heinrich Lanz의 주식 51%를 사들이는 것을 위임했다. 독일 만하임에 있는 유명한 트랙터 및 부품 제조업체로 530만 달러의 자금이 소요됐다.

존 디어는 1953년에도 란츠 구매를 검토했는데, 이사회에서 강력하게 거부했다. 구식 트랙터 제품 때문에 급격하게 약화되고 있는 유럽 회사를 사들인다는 것이 너무 위험부담이 큰 투자라고 믿었기 때문이었다. 1859년 하인리히 란츠가 창업한 이 독일 회사는 1800

년대 후반 수확장비 분야에서 탁월했고, 1930년대에는 독일 트랙터 시장의 40% 이상을 점유하고 있었다. 값싼 1실린더 란츠 불독의 판매 덕분이었다.

제2차 세계대전이 끝난 후 란츠는 고전을 면치 못했다. 전쟁통에 시설은 크게 망가졌고, 1실린더 제품은 좀 더 강력한 파워를 요구하는 앞선 시장에서 경쟁력이 없었다. 그러나 란츠 이름은 독일 전역에서 명성이 높았고, 직원들도 작업장에서 존 디어 스타일의 태도를 갖고 있음이 알려졌다. 휴잇과 이사회에는 그것이면 충분했다. 그리하여 두 번째로 독일 회사 인수가 검토되었고, 1956년 존 디어는 에너지와 열정과 유럽 농업계의 주 경쟁자가 되겠다는 집념을 가지고 유럽 시장에 뛰어들었다. 일리노이주 멀린의 회사가 진정으로 글로벌 기업이 된 것이다.

■■■ 어떤 대가를 치르더라도 제품을 보호한다

유일한 문제는 존 디어가 유럽에 진출하면서 선택한 제품이었다. 1실린더 란츠 제품을 계속한다는 것은 실책으로 여겨졌다. 존 디어의 2실린더 트랙터보다 강력하지 못했고, 이미 오래 전부터 구식이라고 여겨졌기 때문이다. 비록 이 독일 회사가 자체적으로 4실린더 트랙터를 생산하고 있기는 했지만 존 디어의 품질 수준에는 이르지 못했다. 그래서 미국 디자인의 제품을 가지고 가서 독일에서 제조한다는 결정이 내려졌다. 그러나 존 디어가 유럽에서 판 트랙터는 북미를 위한 다목적 트랙터였다. 유럽의 농민들은 다목적 트랙터를 가지고 온갖 작업을 다했다. 그 결과 잦은 고장이 발생했고, 그 때문에 회사는 보증 책임의 악몽에 시달렸다.

사태를 더욱 악화시킨 것은 존 디어의 디젤 엔진이 당시 경쟁적인 유럽 제품만큼 개발이 되어 있지 않았다는 점이다. 그리고 딜러 조직도 북미에서만큼 잘 되어 있지 않았기 때문에 회사로서는 전에 경험하지 못한 새로운 도전에 직면하게 되었다. 게다가 존 디어의 미국 디자인 트랙터는 미국 농민들과는 다른 조건에서 일하는 유럽 농민들에게는 너무 컸고, 속도가 느렸다.

예컨대 유럽의 대규모 농장들은 대체로 여러 개의 농토가 뭉쳐져 이루어진다. 땅이 수세기 전 쪼개져서 팔렸기 때문이다. 농민 한 사람이 먹고 살 수 있을 만한 농토를 가지기 위해서는 넓은 지역에 걸쳐 작은 땅을 사거나 빌려야 한다. 그러려면 미국에서보다 트랙터가 훨씬 더 멀리까지 빠른 속도로 움직이며 다닐 수 있어야 한다. 유럽식 농업은 또 미국보다 훨씬 더 집약적이다. 작은 면적의 땅에서 더 많이 생산해야 한다. 독일의 농사는 찌꺼기도 많이 나오고 밭에서의 작업 속도가 느려서 경작이 훨씬 힘들었지만 미국 농민보다 에이커당 4배의 수확량을 얻어야 했다.

시기는 적절했지만 제품 선택은 잘못된 것이었다. 그럼에도 불구하고 당시 이미 그 지역에서 발판을 굳히고 있던 매시 퍼거슨Massey-Ferguson이나 인터내셔널 하비스터International Harvester 같은 막강한 경쟁자들과 싸워야 하는 유럽 시장에서 시장 점유율이 서서히 올라갔고, 약간의 이익도 남기게 되었다.

그러나 존 디어의 핵심가치에 대한 약속은 도전을 받고 있었다. 원래 디자인의 한계를 넘어서까지 사용한 트랙터에 모든 서비스와 수리 보증을 한다는 것이 몹시 고통스럽고 비용이 많이 드는 일이었기 때문이다.

존 디어가 서유럽에서 북미에서 구축한 것과 맞먹을 정도로 적절한 제품과 딜러망을 개발하는 데는 20년 이상의 세월이 필요했다. 1989년이 돼서야 비로소 존 디어는 유럽에서 디자인된 신형 트랙터를 선보일 수 있었다. 세계 최대의 농기계 기업이 유럽에서 적기에 적절한 제품을 찾아냈고, 그로써 모든 것이 달라졌다. 당시 그 지역에서 이 회사의 시장점유율은 9%에 불과했지만 1990년대에 꾸준히 성장했다.

2001년 봅 레인의 리더십 아래 회사는 유럽 시장을 위해 특별히 디자인된 신상품을 수십 개나 출시했다. 2004년이 되자 존 디어는 서유럽에서 가장 빨리 성장하는 농기계 업체가 되었고, 트랙터 사업의 시장점유율도 21%까지 끌어올렸다. 게다가 존 디어(12%)는 서유럽에서 팔린 모든 농기계의 시장 점유율에서 주요 경쟁자인 CNH(17%)와 AGCO(15%)에 바짝 접근하게 되었다.

"그동안 유럽에서 엄청난 수업료를 물었다." 전 회장인 한스 베커러는 말했다. "그러나 제품에 대한 약속을 지킴으로써 고객에 봉사했다. 우리는 할 수 있는 모든 것을 다했다. 우리의 약속이었으니까. 마침내 제대로 할 수 있게 되자 고객들은 우리의 성실성에 감사

했고, 우리를 떠나지 않았다. 결국 우리의 고집 — 20년이 걸리더라
도 제대로 하겠다 — 이 큰 차이였던 것이다."

▮▮▮ 딜러망의 힘

북미에서는 존 디어의 제품에 대한 고집은 여러 세대에 걸쳐 전
지역에서 되풀이해 전해져온 이야기다. 아칸소주 웨이너, 일리노이
주 피오리아, 뉴저지주 페닝턴 등 어디서나 마찬가지다. 일반적으
로 제품은 공장에서 스펙이 정해지지만 가끔 문제가 생기는 것은
당연한 일이다. 제조업에서 있을 수 있는 일이다. 그러나 보증서가
업계의 표준이 되기 훨씬 이전부터 존 디어는 고객들에게 제품을
판 순간에 모든 것이 끝나는 것이 아님을 확실히 알게 했다. 그것은
어떠한 제품이라도 제품의 수명이 다할 때까지 언제라도 다시 사용
할 수 있도록 보수유지 서비스를 해준다는 의미이다.

"사람들은 존 디어가 제품에 대해 책임을 진다는 것을 믿는다."
존 디어의 중역인 샘 앨런의 말이다. "왜냐하면 우리가 그렇게 하는
것을 오랜 세월 보아왔기 때문이다. 여러 해에 걸쳐 전해오는 너무
나 많은 이야기들이 있다. 사람들은 그 얘기들을 듣고 '그래, 그게
바로 존 디어 방식이지' 라고 말한다."

그것이 바로 존 디어를 다른 회사와 구별짓게 하는 것이다. 특히
농기계 부문에서. 농민들은 파종기나 수확기가 되면 적시에 일을
해야 하기 때문에 시간이 많지 않다. 트랙터나 콤바인에 문제가 생

기면 기계를 세워놓고 수리를 기다릴 여유가 없다. 수리를 위해 가동을 중단하는 것은 대단히 비용이 많이 들고, 스트레스 쌓이는 일이다. 존 디어의 핵심가치에 대한 약속은 제품에 대한 핵심가치 못지않게 중요하다. 회사가 어떻게 고객에 대한 약속을 지속적으로 보여주는가는 독립적인 딜러 망을 통해서였다. 회사는 북미 전역에 거의 1천6백 개에 달하는 농기계 대리점을 갖고 있었다.

봅 보덴스타이너Bob Bodensteiner가 처음 농기계 사업을 시작한 곳은 존 디어가 아니었다. 대학을 졸업한 후 그는 아이오와주의 데코라라는 작은 마을에 있는 J.L. 케이스 소유의 가게에서 세일즈맨으로 시작했다. 5년 후 아이오와주 데븐포트 근처의 J.L.케이스 가게의 매니저가 되었다. 존 디어의 한 딜러가 그를 세일즈맨으로 채용하고 싶어 했는데, 당시 젊은 보덴스타이너는 오로지 파트너 자격으로만 관심이 있다고 말했다. 1977년 그는 아이오와주 포트 애킨슨 근처의 딜러에 파트너로 들어갔다. "나는 농기계 사업에서 케이스의 미래를 걱정하고 있었다"라고 그는 말했다.

3년 후 보덴스타이너와 그의 파트너는 아이오와주 클러몬트에 있는 작은 존 디어 대리점을 샀다. 인구가 600명밖에 안 되는 작은 마을이었다. 1980년대 초, 영농업계에 극심한 불경기가 들이닥치자 그의 파트너는 사업에서 손을 뗐고, 보덴스타이너는 많은 돈을 들이지 않고 존 디어 대리점을 소유하게 됐다. 그러나 언뜻 보기에 좋아할 일도 아니었다. 클러몬트는 순전히 농업만 하는 마을이었지만 규모가 너무 작아 사업 전망은 불투명했다. 기본적으로 작은 마을

이 가진 것은 협동조합과 기타 소규모 사업 몇 개가 고작이었다. 존 디어의 딜러는 고색창연한 읍내 한 구석에 있었는데, 시설은 '형편없어 보였다.'

농업도 매우 어려운 시기였다. 1980년대 금리는 '미친 듯이 뛰고 있었다.' 농민들은 집단농장으로 사용할 수 있는 땅은 감당할 수가 없어 일터를 잃고 있었다. 대리점을 유지하기 위해 존 디어는 전폭적인 양보를 했다. 이자를 면제해주고, 딜러들에게 제품을 판 후에 대금을 입금하도록 해주었다. 그러나 그것으로도 충분하지 않았다. 한창 불경기일 때 아이오와주의 주요 딜러들을 잃었기 때문이다. 희생자 중 하나가 보덴스타이너의 클러몬트 딜러에서 20마일밖에 안 떨어진 아이오와주 엘카더에 있는 딜러였다. 엘카더는 훨씬 큰 마을이었고, 시설도 보덴스타이너의 클러몬트 딜러보다 나았다.

존 디어의 매니저가 보덴스타이너에게 가게를 닫고 엘카더로 옮기라고 제안했다. 그러나 그는 클러몬트에서 떠날 생각이 조금도 없었다. 힘든 상황에서 고객들과 관계를 맺어놓은 곳이었기 때문이다. 1985년 회사는 그에게 아주 저렴한 가격에 엘카더를 인수하도록 도와주어 두 곳의 대리점을 모두 운영하게 해주었다. 본심은 그가 엘카더의 강점을 얼른 알아채고 그곳으로 옮겨가게 되기를 바라서였다.

몇 년 안에 농업 경기는 나아졌고, 양쪽 가게 모두 사업이 개선되었다. 보덴스타이너는 1990년대 초에 클러몬트 가게를 현대화했고, 엘카더에 땅도 샀다. 그가 전에 살던 데코라에 대리점이 또 하나 열리게 됐고, 보덴스타이너는 그것도 사들여 대부분의 존 디어 딜러가 단일 가게에 가족 운영방식이었던 시절에 여러 개의 딜러를 동시에 운영하게 되었다. 보덴스타이너와 각 지역에 흩어져 있는 그의 핵심 직원들은 여러 곳에 산재해 있으면서도 존 디어의 개별적인 서비스 특성을 유지하는 일관된 운영방식을 만들어냈다. 소비자들은 이미 그것을 알고 있고, 그것에 대한 기대를 갖고 있었다. 한편 사무실 운영 면에서는 일관된 회계 절차가 도입되었고, 가격 산정과 각 지역의 가게에 재고를 얼마까지 갖고 있을 것인가를 결정하는 원칙이 세워졌다. 고객 서비스 면에서 보덴스타이너는 각 지역의 고객들과 관계를 돈독히 하는 일을 지속했다. 농민들이 가게에 들어오면 그는 꼭 나가서 그들과 얘기를 나누곤 했다. 보덴스타이너의 말이다.

"농민 한 사람이 와서 '오늘은 기분 좋은 얘기를 해 달라'고 말했다. 나는 그에게 기분 좋은 얘기를 들려줬다. 그게 그 사람이 원하고 필요로 하는 것이었으니까."

그러나 보덴스타이너 임플리멘트 컴퍼니의 강점은 의심의 여지 없이 4개 지역의 고객들이 필요로 할 때 언제라도 서비스를 제공한다는 약속이다. 새 장비의 가격 계산은 누구라도 할 수 있다고 보덴스타이너는 말했다. 그리고 "내가 아는 사람들 중 농민들보다 더 빠꼼이는 없다"고 그는 말한다. 여러 곳에서 가격을 받아보고 가장 적절한 가격이라고 생각되는 것을 찾아 어디든지 간다는 뜻이다. 그러나 서비스에 관한 한 농민들은 어디로 가야 하는지 금방 안다. 한

창 성수기에 기계를 놀릴 수 없다는 것을 알기 때문이다. 예컨대 보덴스타이너 서비스 부서는 파종기와 수확기 동안은 하루 11시간, 일주일에 6일간 문을 열고, 부품은 일요일에도 언제나 공급할 수 있다. 사실 수확기에는 보덴스타이너 임플리먼트 컴퍼니의 고객들이 토요일에 부품을 주문하면 일요일에 밭으로 배달해준다. 이런 약속이 고객과의 관계를 돈독히 하며, 그것은 판매뿐 아니라 사업의 다른 분야에까지 영향을 미친다. 보덴스타이너는 이렇게 말했다.

"나는 우리 직원들에게 말한다. 우리 고객이 실망하면 그건 우리 잘못이다. 기계가 돌아가지 않으면 그것도 우리 잘못이다. 고객의 장비가 망가졌을 때 그가 달려가고 싶은 곳이 바로 우리 가게여야 한다. 농민들이 어디로 가야 할지 알아내는 데는 많은 시간이 필요치 않다."

각 지역의 딜러들이 직접 운영하는 다지역에 걸친 대리점은 대단히 효율적이었기 때문에 1990년대 존 디어는 대리점들을 몇 개씩 통합해 운영하는 작업을 시작했다. 그 결과 지금은 대리점의 수는 현저히 줄었지만 반면 딜러의 힘은 훨씬 강해졌다. 딜러들의 사업 수용능력이 훨씬 커져 고객들에게 더 좋은 서비스를 할 수 있게 되었기 때문이다. 농민들의 수는 줄어들지만 농업 규모는 훨씬 더 커지고 효율적으로 변하며, 농기계 대리점의 형태도 바뀌게 된다.

존 디어의 성공의 요체는 적극적으로 딜러 통합을 지원하고 지역의 딜러가 손수 개별적인 고객 서비스를 함으로써 회사의 명성을 유지, 강화하는 일을 게을리 하지 않았다는 데 있다. 그것은 자동차 사업에서 보듯 재벌이 대리점을 소유하는 것과는 다르다. 대리점 사장들은 사업을 확장하고 서비스 지역을 넓히려는 지방의 사업가들이다. 아칸소주 원Wynne의 마샬 스튜어트Marshall Stewart가 그런 딜러 중 하나다. 농민 출신인 스튜어트는 학교를 졸업하고 대기업에 취직할 생각이었기에 고향으로 돌아가지 않았다. 그러나 1999년 원의 존 디어 대리점에 경영 파트너로 참가할 기회가 생겼을 때 그가 잘 알고 사랑한 지역과 사업으로 돌아가기 위해 그 기회를 놓치지 않았다.

존 디어가 마침 대리점의 지역 통합을 도모하던 것과 맞물려 스튜어트가 그린웨이 이큅먼트Greenway Equipment의 사장이 되어 원으로 귀향한 것은 그 지역의 급격한 성장의 신호가 되었다. 대리점 그룹은 급속도로 새로운 지역을 통합했고, 2004년 말에는 블리스빌, 조이너, 모네트, 뉴포트, 웨이너, 원, 오거스타, 데 아크 및 얼에 이르는 비옥한 아칸소 농장의 존 디어 고객들에게 서비스를 할 수 있게 되었다. 그린웨이 이큅먼트는 매출이 1억 달러를 넘고, 지난 시절의 존 디어와 같은 구멍가게 수준과는 차원이 달라졌다. 고객 위주의 신조가 그 어느 때보다 더 강화되었다는 것만 빼고는.

"규모의 경제가 가능해진 것이다." 스튜어트의 말이다. "실제로 고객에게 더 좋은 서비스를 하게 됐다."

단일 점포라는 환경의 문제는 이렇다. 수확기 동안은 기술자가 10명이 필요하다. 그러나 한 달 후면 다섯 명으로 줄어든다. 충분한 일거리가 없기 때문이다.

"우리는 고객들에게 우리 지역에 80명의 기술자가 있다고 말한다." 스튜어트의 말이다. "기술자 한 명을 픽업 트럭에 싣고 80마일을 달려가야 한다면 그게 우리의 사명이고, 우리는 그 일을 한다. 이 사업에는 성수기와 비수기라는 사이클이 있다. 우리 사업은 더욱 효율적으로 움직이고, 고객들은 더 신뢰할 수 있는 서비스를 받는다."

그린웨이가 존 디어의 새 대리점을 획득했을 때, 스튜어트는 지역사회에서의 미팅에 초점을 맞추었다. 고객들에게 어떻게 더 나은 서비스를 할 것인가를 설명하는 미팅이다. 그린웨이는 또 각 지역의 특성에 따른 요구사항을 물었다. 기대에 부응하는 데 그치지 않고 기대를 능가하기 위해서였다.

"모르는 것에 대한 공포를 해소한다." 스튜어트는 말했다. "우리가 과거보다는 큰 회사가 되었지만 그래도 아직 여러 면에서 시골 회사다. 각 지역사회와 밀접한 관계를 유지해야 한다."

파종기와 수확기에는 고객이 어느 시간, 어느 요일이라도 전화연락을 할 수 있도록 서비스를 강조했고, 의사결정은 단기적인 이익보다는 장기적인 관계유지 차원에서 이루어졌다.

"우리에게도 숫자는 중요하다. 그러나 필요하면 돈과 상관없는 결정도 한다. 때로는 그것이 더 이로운 결과를 낳기도 한다."

한 가지 예가 일요일에도 서비스 전화를 받도록 한 것이다. 이 아이디어는 고객들에게 그들이 필요할 때는 언제든지 달려간다는 것을 알려주고자 함이었다. 그러나 넘치는 수요로 인해 시간 외 작업이 회사의 수익성에 큰 보탬이 되었다. 이제는 기술자들이 일요일에도 전화를 받는 것이 기본적인 정책이 되었다. 스튜어트의 말이다.

"늘 그렇게 해왔기 때문에 하는 것은 아니다. 선입견 같은 건 절대로 갖지 않는다. 사업을 제대로 하자는 것이고, 고객을 더 잘 돌보자는 것이다. 필요할 때면 언제든 변화한다."

그린웨이의 경우는 존 디어가 딜러십을 조정해 가는 과도기의 한 모범사례로 꼽힌다. 오너가 운영하는 딜러는 더 진지한 사업체가 되고, 그러면서도 지역사회와 고객에 기반을 둔다는 태도는 그대로 유지된다.

▮▮▮ 고향 리바이벌

지역사회에 대한 헌신은 존 디어가 오랫동안 실천해온 것이다. 1960년대 회사가 본사를 멀린 교외의 대학 캠퍼스 같은 건물로 옮겼을 때, 존 디어의 고향인 멀린 중심가는 오랫동안 아무런 정체성도, 에너지도 없는 곳이었다. 이는 미국에 있는 중소 규모의 많은 도시들이 공통으로 안고 있는 문제였다. 도시가 교외로 확장되면서 중심가는 아무 목적도 없이 버려진 것이다. 1980년대 중반이 되자 멀린 중심가에는 텅 빈 창고, 쓸모없는 빌딩, 변화하는 도시 환경에 더 이상 용도가 필요 없어진 기반시설만이 눈에 띄었다. 일자리가 떠나자 가게들도 떠났다. 식당과 소매점들은 대형 몰로 옮겨갔는데

112

몰들도 역시 교외에 위치했다.

쿼드 시티는 40만이 넘는 인구를 자랑했지만 시 행정은 보잘 것이 없었고, 그 결과 4개의 중심가가 별개로 움직였다. 4개 도시의 고충은 똑같았다. 미시시피강 양쪽의 땅을 원하는 사람이 아무도 없다는 것이었다. 한때는 그곳이 번성하는 제조업 및 창고업의 중심지였고, 쿼드 시티 지역의 생명선이었음에도 불구하고.

인구가 고작 4만3천 명밖에 안 되는 멀린의 고민은 상업지구의 몰락이 민간의 프라이드에 검은 구름을 드리우고, 지역사회 지도자들에게 깊은 고민을 안겨주었다는 점이다. 존 디어는 아직도 멀린 중심가에 땅과 건물을 갖고 있었을 뿐 아니라 창업자가 1848년 그랜드 디투어로부터 남쪽으로 75마일 떨어진 미시시피 강가에 있는 멀린으로 옮겼다는 경제사의 중요한 한 페이지도 기록하고 있었다.

1987년 공공 및 민간자본과 기업자본 수백만 달러를 들여 구체적인 마스터플랜 아래 멀린 중심가에 새 생명을 불어넣자는 결정이 내려졌을 때, 봅 핸슨은 존 디어 회장 겸 CEO였고, 그의 후임자 한스 베커러는 사장이었다. 그 정도 규모의 미국 도시에서 기업이 중심이 돼 진행한 도시 활성화 프로젝트로는 가장 야심찬 프로젝트였다. 그리고 비록 세계 곳곳에 중요한 사업체를 갖고 있었어도 멀린은 존 디어의 고향이었고, 강 주변의 땅은 그의 책임으로 여겨졌다.

1987년과 1988년 농업경제의 불황 탓으로 존 디어가 수백만 달러의 손실을 입은 점을 감안할 때 타이밍은 좋지 않았다. 그러나 한때 회사 본부가 있었고, 쟁기를 만들었고 번성하는 지역 딜러들이 있었던 멀린 중심가의 보수는 필수적이었다.

"하면 한다는 것이 차이점이다." 베커러의 말이다. "그냥 몰라라 할 수가 없었다."

존 디어의 고향이라 해도 프로젝트는 대단히 복잡했다. 회사의 지도부가 여러 단계의 기획 프로세스를 제안했고, 도시 활성화 작업을 회사의 프로젝트로 결정했다. 회사 내부의 많은 인재들을 동원하는 이점도 있었다. 존 디어 재단이 적극적으로 관여했다. 그러나 민간 차원의 도움에 그치는 것이 아니었다. 처음에는 핸슨, 그리고 나중에는 베커러가 기획과 의사결정에 지속적으로 관여했고, 많은 직원들이 자기 일처럼 프로젝트에 헌신했다. 2002년 레인은 디어가 소유한 20에이커의 알짜 땅을 웨스턴 일리노이 대학의 개발 프로젝트에 기증함으로써 회사의 약속을 이어나갔다.

존 디어는 10만 달러와 부동산 전문가의 도움을 제공함으로써 리뉴 멀린Renew Moline을 설립했다. 회사는 지역 내 다른 기업들도 보조하도록 동참시켰고, 정치가들도 끌어들여 진정한 공공과 민간 파트너십을 창출했다. 처음에는 반발하는 사람들도 일부 있었지만 궁극적으로는 지역사회에 최대의 이익이 되리라는 것을 깨달았다. 프로젝트의 닻이 내려진 곳은 쿼드 시티의 더 마크 The Mark 라는 민간 경기장으로 1990년대 중반에 완공됐다. 존 디어가 거액의 자금을 댔지만 회사 이름을 붙이지는 않은 더 마크는 강가에 세워졌고, 콘서

트, 프로 및 대학 스포츠 경기, 대형 컨벤션 등을 개최한다. 경기장은 오랫동안 크기에 있어 미국 최고의 장소로 꼽혀 수많은 쇼와 유명 인사들의 출연무대가 되었다.

민간 기업, 관심 있는 시민, 지자체 및 연방정부의 정치가, 고용된 컨설턴트 등이 몇 년에 걸쳐 일한 결과 오늘날 멀린 중심가는 주요 관광지가 되었고, 한 해 수십만 명의 방문객을 끌어들인다. 실제로 시카고를 제외하고는 존 디어 파빌리온John Deere Pavilion이 일리노이 주에서 가장 관광객이 많은 곳이다. 이곳에는 회사의 역사와 제품을 한꺼번에 볼 수 있고, 풍부한 전시물이 다양하게 전시되어 있다. 파빌리온은 원래 존 디어의 멀린 공장과 본부가 있었던 바로 그 땅에 위치한 존 디어 커몬스John Deere Commons라고 불리는 구역의 일부분이다. 쿼드 시티의 더 마크와 존 디어 파빌리온과 함께 커몬스에는 래디슨 호텔, 존 디어 자회사가 들어 있는 새 오피스 빌딩, 존 디어 스토어 등이 있다. 존 디어 스토어John Deere Store는 세계 농업의 전설인 존 디어의 본향에 온 것을 기념하기 위해 방문객들이 간편하게 쇼핑할 수 있는 물건들이 산처럼 쌓여 있다. 커몬스 주위에는 식당, 선물가게, 현대식 빌딩들이 속속 들어섰을 뿐만 아니라 지역 적십자사 청사도 새로 들어섰다. 그 건물은 존 디어가 기부한 땅에 지어졌다. 방문객들은 이제 미시시피강의 경관을 즐기게 되었고, 근처에는 4개 도시 주변을 오가는 정기여객선의 선착장도 새로 생겼다. 한 마디로 말해서 이 개발 사업은 민·관 협동으로 이룩한 사업의 모델 케이스로 관심을 끌었다.

존 디어 프로젝트의 마지막 사업은 존 디어 컬렉터 센터John Deere Collector's Center의 개관으로, 존 디어 파빌리온에서 두 블록 떨어진 곳에 설립되었다. 이 센터는 부분적으로는 존 디어 재단이 받아낸 연방정부 보조금을 기금으로 사용했는데, 1950년대 판매 대리점의 재창조로 존 디어 트랙터와 농기계 골동품을 전시한다. 컬렉터 센터는 마니아들에게 어필함으로써 근처의 커먼스를 보완해 더 많은 관광객들을 멀린 다운타운으로 불러들인다. 활성화 작업은 전염성이 있어서 더 많은 기업과 식당이 이 구역으로 이주해왔으며, 다른 쿼드 시티들도 비슷한 재개발 사업을 검토하고 있다.

물론 지방의 기업이 이런 일을 하기 위해서는 모두 기업에 지나치게 의존하게 된다는 문제점이 있다. 제조업이 이 구역에서 떠나자 기업사회의 지원도 함께 떠났다. 결국 쿼드 시티에서 가장 고용을 많이 하는 기업인 존 디어 재단에 도처에서 손을 내밀었다. 존 디어 재단은 지역에 적지 않은 돈을 기부하는데 그 규모를 계속 확대하고 있으며, 이제 멀린 재개발 사업이 대충 마무리 지어졌기 때문에 존 디어가 사업을 하고 있는 다른 지역으로 눈길을 돌리고 있다.

▪▪▪ 제품에 대한 약속

세계 최대의 자동차 제조공장의 주차장으로 차를 몰고 들어가면 대체로 주차해 있는 차의 절반 정도가 그 회사 제품임을 알 수 있다. 직원들이 회사에 대한 충성심은 갖고 있겠지만 정작 구매를 할 때는 다양성에 대한 욕구가 충성심을 앞지르게 마련이다. 닛산 자동차 직원들은 포드 자동차를 갖고 싶어 하고, 포드 직원들은 닛산을 몰고 싶어 한다.

존 디어에서는 똑같은 기능을 가진 초록색 존 디어 제품이 있는 곳이면 그 어디에서도 직원들이 타사 제품을 사용하지 않는다. 이것은 존 디어의 가장 확고한 고객으로서 존 디어 제품을 확실하게 후원하는 사람들의 궁극적인 약속이다.

예컨대 이런 것이다. 밥 레인은 유명한 중서부 폭설이 내리는 추운 겨울날 아침 존 디어 제설차가 눈을 치우고 있는 길을 따라 출근을 한다. 그의 부인 패티는 집 정원의 잔디밭 관리를 위해 조경회사와 인터뷰할 때 정원사에게 마지막으로 존 디어 잔디깎이 기계가 있는지를 물었다. 답은 '노'였다. 그녀는 좀 더 큰 서비스 회사와 다시 인터뷰를 했다. 그들 역시 일을 확실히 하겠다는 약속은 했지만 존 디어 제품을 쓰지는 않았다. 패티는 남편에게 이메일을 보내 서비스 계약을 해도 될지 물었다.

"물론 안 되지." 밥 레인이 말했다.

잔디 서비스 회사는 결국 존 디어 잔디깎이를 샀고, 일을 맡게 되었다.

"난 보통 그런 경우 그다지 고집을 부리지 않는다." 레인의 말이다. "그러나 존 디어 제품이 할 수 있는 일일 경우, 그리고 더 잘 할 수 있는 경우에는 다른 것은 고려할 여지가 없다."

회사의 중역들이 특별히 자사 브랜드에 충성심을 가지는 것은 당연한 일일 것이다. 존 디어의 어떤 중역은 심지어 자기 집을 짓는데 오로지 존 디어 장비만 쓸 것을 요구하는 사람도 있다. 그러나 더욱 감동적인 것은 높은 자리에 있는 직원이 아닌 경우에도 똑같은 요구를 하는 사람이 있다는 사실이다. 1990년대 회사의 자회사인 의료 서비스 회사가 건물을 짓는 데 건설회사가 경쟁사의 장비를 가지고 현장에 나타났다. 중간관리자는 건설회사에 이 건물은 존 디어 땅에 존 디어 제품 판매에서 나온 기금으로 짓는 존 디어 빌딩인데 존 디어 일을 해서 이익을 얻는 회사가 존 디어 제품이 아닌 것을 쓰는 것은 있을 수 없다고 말했다.

존 디어가 대규모 제조업을 하고 있는 몇몇 도시에서 지자체 의회에 압력을 넣어 마을을 '존 디어 커뮤니티^{John Deere community}'로 부르게 하고, 도시 건설이나 공원관리 등 공공사업에 오로지 존 디어 장비만을 사용하도록 한 것은 더욱 놀랍다.

■■■ 회사에 대한 약속

존 디어 안에 돌아다니는 약속과 관련된 이야기는 수도 없이 많다. 실제로 수천 페이지를 채울 정도다. 대부분은 고객들이 그들이 산 물건을 얼마나 오래 썼느냐, 또는 회사가 얼마나 애프터서비스를 잘하느냐, 아니면 딜러들이 특별히 개인적으로 서비스를 얼마나 잘해주었는가 하는 얘기 등이다. 그 가운데 존 디어와의 경험, 그리고 오랜 비즈니스 관계로부터 생긴 약속을 전형적으로 보여주는 예가 캐나다 온타리오주 미시소가의 반 캠프Van Camp다.

30년 전 스물 몇 살의 젊은이 반 캠프는 자기 동네에서 '디어'라는 이름의 회사가 건설장비 대리점 기반을 확장하려 한다는 소문을 들었다. 반 캠프는 존 디어와 제품에 대한 명성을 들어 알고 있었기 때문에 대리점 운영권을 따내면 완벽한 사업 기회가 될 것으로 믿었다. 그는 지역 매니저와 미팅을 요구했다. 반 캠프는 자신이 돈도 한 푼 없을 뿐더러 건설 장비를 팔아본 경험도 전무하다고 말했다. 존 디어의 매니저는 미팅에서 크게 좋은 인상을 받지 못했지만 반 캠프를 다시 한 번 만나는 데 동의했다. 이번에는 반 캠프가 그를 설득하는 데 성공했다. 그의 적극성과 성공에의 집념이 존 디어와 잘 맞을 것 같다는 인상을 준 것이었다.

그는 건설장비 딜러십을 땄고, 달랑 2만8천 달러의 은행 잔고를 갖고 사업을 시작했다. 회사는 장비 대금은 물론 여러 면에서 그의 창업에 드는 비용을 지원했다.

"회사가 다 해줬다"고 반 캠프는 말했다. "내가 할 수 있는 것을 얘기했고, 그 이후로 줄곧 나를 믿고 밀어주었다."

그 대신 반 캠프는 고객과의 관계를 확립하기 위해 열심히 일했고, 캐터필러 등 다른 회사들이 놓친 틈새를 찾는 데 주력했다. 1980년대 혹독한 불경기가 닥칠 때까지 그의 사업은 번창했다. 수백만 달러에 달하는 장비들이 재고로 남았지만 존 디어는 그에게 이자를 물리지 않았다. 그의 말에 따르면 회사가 망할 정도의 엄청난 금액이었다. 불황이 끝나자 사업은 다시 번성했고, 회사가 건설 사업 통합작업을 추구하면서 그에게 온타리오의 다른 파트너들과 합작해 하나의 통합 딜러십을 통한 영역 확장을 하지 않겠느냐는 제의를 했다.

ONTRAC은 4개의 온타리오 딜러가 합병해 생긴 회사다. 미시소가에 근거를 둔 회사가 북아메리카 최대의 존 디어 딜러 중 하나가 된 것이다. ONTRAC은 현재 다른 독립 딜러 및 지사들을 합병해 온타리오에 14개의 딜러를 갖고 있다. 반 캠프는 사장이자 캐나다 온타리오주 ONTRAC 이큅먼트 서비스의 파트너 주주이다. 2003년 이 회사는 3억 달러가 넘는 장비 판매실적을 올렸다.

"우리들 대부분이 구멍가게 딜러로 시작했다." 반 캠프의 말이다. "회사는 우리를 일으켜 세우고 지원하고 가능성을 보여주었다. 회사와 나는 완전히 한 배를 탄 사이였다. 나를 아는 사람이면 누구나 이렇게 말할 것이다. 회사가 나에게 해준 것 때문에 내가 회사를 사랑한다고."

반 캠프의 경험은 오랜 세월 존 디어와 관계를 갖고 경험을 한 많은 사람들이 똑같이 경험한 것이다. 딜러건, 납품업자건, 고객이건, 직원이건 회사는 절대로 약속을 저버리지 않았다.

6

제품 못지않게 훌륭한 사업을 이루어라

누군가 오늘 투자에서 10달러를 벌었다고 하면 아마 괜찮다고 생각할지 모른다. 10달러라니…. 그러나 중요한 것은 100달러를 투자해 10달러를 벌었느냐, 아니면 1,000달러를 투자해 10달러를 벌었느냐다. 전자라면 괜찮은 것이고, 후자라면 별로다.

존 디어는 오랜 세월 훌륭한 제품으로 명성을 누려왔다. 여러 가지 크기의 트랙터에서부터 최첨단 콤바인, 게이토 유틸리티 차량에 이르기까지 트레이드마크인 초록 바탕에 뛰어오르는 노란 사슴 로고가 붙은 이 회사 제품을 하나 소유한다는 것은 시장에서 구할 수 있는 최고의 장비를 소유한다는 것을 의미한다. 결국 "디어(사슴)처럼 뛰는 것은 아무 것도 없다."

그러나 존 디어의 다양한 사업 중에서 최대 부문은 경제 동향과 사이클에 의해 가장 크게 영향을 받는 제조업이기 때문에 회사의 사업 실적이 항상 제품만큼 좋지는 않았다. 예컨대 존 디어 트랙터를 산다는 것은 오랜 세월 결코 손해 보지 않는 장사였다. 품질에 대한 약속과 회사 및 딜러들로부터 기대에 부응하는 것을 보게 될 것이라는 약속과 함께 사는 것이었기 때문이다.

그동안 존 디어의 주식을 산다는 것은 롤러코스터를 타는 것과 비슷했다. 월스트리트에서 바라본 모든 회사들이 본질적으로 사이클을 탄다는 점에서는 다 그렇듯이. 농업이 호황일 때는 존 디어 주식도 북미에서의 탁월한 지위에 걸맞게 고공행진을 했다. 농업이 부진할 때는 존 디어 주식도 투자자들이 바닥을 칠 때를 기다렸기 때문에 당연히 하향곡선을 그렸다.

2000년 존 디어의 회장 겸 CEO로 취임한 봅 레인은 21세기의 서두에서 존 디어는 사업을 그 제품 못지않게 훌륭하게 만드는 데 초점을 맞춰야 한다고 생각했다. 그렇게만 된다면 회사는 해가 갈수록 더욱 강해지고, 고객과 직원과 주주 모두에게 보상이 주어질 것이다. 오랜 세월 존 디어 제품을 위대하게 만들었던 분야, 즉 품질quality, 디자인design, 혁신innovation을 멀리 하겠다는 것이 아니라 과거의 강점을 살려 존 디어 리더십의 전통에다 또 다른 생기 넘치는 요소를 더해 앞으로 나아감으로써 미래에 더욱 강력한 회사를 만들자는 것이었다.

레인은 1997년 존 디어 CFO로 임명된 후 즉각 이 작업에 착수했다. 그는 1980년대 존 디어에 입사하기 전에 금융계에서 일한 경력이 있었고, 1990년대에는 해외에서 회사의 재정 책임을 맡고 있었다. 그러나 비즈니스를 강화할 필요가 있다는 것을 분명히 밝히기 시작한 것은 CFO가 되고나서부터였다. 업무 시작 첫날부터 장기적으로 자산은 가볍게 하고 이윤 폭을 넓히는 것이 회사에 덕이 될 것이라고 말하기 시작했다. 1990년대 말, 회사가 롤러코스터를 탄 것처럼 요동치자 존 디어의 제품만큼 믿을 수 있으려면 영업 부문의 개선이 필요하다는 그의 생각은 더욱 힘을 받게 됐다.

1998년 미국 주식시장은 한창 붐을 이루고 있었고, 존 디어는 처음으로 10억 달러라는 기록적인 이익을 냈다. 잔디 손질 용품의 시장점유율이 크게 신장했고, 건설장비 부문에서도 입지를 굳혔다. 신용카드사업도 확장했고, 경기 변동의 영향을 줄이기 위해 세계적으로 제조업 운영도 확장했다. 그러나 1999년 미국의 농업이 또다시 불황에 빠지자 존 디어 주식은 다른 장비 제조업체와 함께 곤두박질쳤고, 주식시장의 다른 주들은 미친 듯이 상승세를 유지했다. 2000년 경제의 거품이 꺼지기 시작하자 중장비 사업의 상황은 더욱 나빠졌다. 판매가 부진하자 생산을 줄였고, 운영자금도 축소되었다.

그 해 8월, 한스 베커러가 이미 계획한 대로 은퇴하자 봅 레인이 뒤를 이었다. 그는 어려운 경제적 상황에서 회사를 이끌어가는 것이 임박한 미국 경제의 거품 붕괴에 의해 더욱 더 복잡하게 되었음을 알고 있었다. 상황은 1989년 오랜 기간 극심한 농업 불황 때문에 존 디어가 살아남기 위해 규모를 줄이지 않을 수 없었던 때와 별로 다르지 않았다. 바로 그때 한스 베커러는 봅 핸슨으로부터 회사를 인계받았다.

베커러는 당시 순수 가치 구조조정 프로그램으로 회사를 이끌었고, 비용절감과 부서 간 독립성을 통한 체질을 강화해 나갔다. 순수 가치 프로그램은 통했다. 1990년대 내내 이익과 함께 디어 앤드 컴퍼니의 주가는 상승했다. 그러나 새 천년이 다가오고 농업이 또다시 불황에 빠지자 회사 역시 고전을 면치 못하게 됐다.

“대부분의 중장비가 그렇듯이 존 디어의 장비 구매는 굴곡이 대단히 심하다.” 밥 레인은 말했다. “우리는 대단한 제품을 갖고 있다. 몇 년 동안 사업도 아주 잘 되었다. 그러나 우리 사업의 결과는 우리 제품 같지 않았다. 해를 거듭할수록 더 좋아지지 않았다. 그것은 바뀌어야 할 회사의 DNA 중 한 부분이다.”

존 디어가 수백만 달러의 이익을 내던 좋은 시절에도 회사의 자산에 대한 수익성은 기대 이하였다. 대부분의 경우 초점은 이익을 얼마 냈느냐에만 맞춰졌지 그 이익을 내기 위해 회사가 얼마나 많은 돈을 썼느냐는 중요시하지 않았다.

“누군가 오늘 투자에서 10달러를 벌었다고 하면 아마 괜찮다고 생각할지 모른다. 10달러라니…. 그러나 중요한 것은 100달러를 투자해 10달러를 벌었느냐, 아니면 1,000달러를 투자해 10달러를 벌었느냐다. 전자라면 괜찮은 것이고, 후자라면 별로다.”

1990년대 한스 베커러는 순수 가치 프로그램을 도입해 경비를 삭감하고 회사를 6개의 전략 사업 부문으로 재조정하여 각 부문이 독립적으로 더 훌륭한 회사를 만드는 데 기여하게 했다. 그때 이래 경영진의 실적 보너스를 계산하는 기본 방식으로 ROA(자산 대비 수익률) 공식을 사용했다. 게다가 건설 및 삼림장비 부문은 1990년대 말 EVA(경제부가가치)와 비슷한 프로그램을 부서 내에 도입했다. 이 프로그램은 스턴 스튜어트 앤드 컴퍼니라는 컨설팅 회사가 개발한 모델로 한 기업의 진정한 경제적 이익을 계산하는 데 세후 순수 경영 이익에서 사용된 자본을 빼고 자본비용을 곱해서 EVA를 계산하는 것이다. 매니저들은 새로운 금융계산 방식의 도입을 꺼렸지만 경영진은 끝까지 밀어붙였다.

디어 앤드 컴퍼니는 분산된 기업이기 때문에 모든 부서에 똑같은 방식이 도입되지는 않는다. 그 결과 전 회사가 동일한 일반적 기준에 따라 운영되지만 결과는 계속 다르게 나타났다. 경기가 하향곡선이어서 힘들 때 존 디어의 ROA는 좋은 시절에 벌었던 것보다 훨씬 더 마이너스였다. 그럼에도 불구하고, 이익을 자본비용에 비교하는 것은 회사 경영진에게 하나도 새로운 일이 아니었다.

존 디어의 첫 초록 회보 시리즈에서 빌 휴잇 회장은 이익에 대해 "사업 실적의 궁극적인 테스트"이며 "사업 성공의 기본 요건은 모든 원가와 비용을 지불한 후에도 이익이라는 형태로 충분한 보상이 남는 방식으로 운영하는 것이다. 이익은 투입된 자본의 규모와 위험부담의 정도와 비례해야 한다"고 썼다.

그러나 전체적으로 볼 때 오랜 세월 회사의 철학은 투자하고, 만들고, 좋은 물건을 파는 데 있었고, 이익의 질은 순전히 양적으로만 판단했지 투자에 대한 회수로 판단하지 않았다. 레인은 말했다.

"우리는 대단히 비싼 방법으로 사업을 해왔다."

■■■ 새로운 사고

변화를 창조하기 위해 레인은 곧바로 존 디어의 강점인 전 세계의 직원들에게 가서 전통에 깊이 잠겨 있던 문화에 엄청난 도전을 제시했다. 인력 수급권한에 관한 한 여러 세대에 걸쳐 많다기보다는 적게 살아온 회사가 오늘날의 회사들에서 사용되는 최고로 복잡한 실적 경영 시스템을 도입하게 된 것이다.

기본 개념은 존 디어의 모든 직원에게 단기 및 장기 비즈니스 전략 목표와 직접적으로 연결되는 평가를 포함한 개개인의 온라인 근무 성과 아웃라인을 제공하는 것이다. 분산된 사업 부문이 현장에서 결정을 원활하고 효율적으로 내림으로써 고객에게 봉사하고 품질을 유지하는 시스템은 잘 운영되고 있었다. 그러나 레인은 공통의 기업 이익을 위해 일하는 전 세계의 직원들이 공통의 목표를 가져야 한다고 생각했다.

"직원들이 존 디어에 입사해서 30년 이상 근무하는 것은 문화의 일부였다. 대부분의 직원들이 고과를 받지 않았고, 미리 정해진 기준에 의거해 평가되는 일은 전무했다."

그 목표는 2000년 6월, 존 디어 전 세계 리더십 그룹과의 첫 미팅에서 발표되었다. 200명의 톱 매니저들로 구성된 그룹을 상대로 한 연설 내내 그의 등 뒤 무대 벽면에 비춰진 슬라이드는 오로지 한 숫자만을 나타냈다.

18,000. 이 숫자는 궁극적으로 존 디어의 당시 전 월급 직원 개개인이 모두 새로운 글로벌 퍼포먼스 매니지먼트 시스템의 한 부분이라는 것을 보여준 것이다. 존 디어의 사업을 그 제품 못지않게 훌륭한 것으로 만들어 고객과 직원뿐 아니라 주주들에게도 봉사하는 전략의 중추가 바로 이 새로운 시스템이다.

존 디어처럼 운영하는 방법

- **현명하게** : 직원들에게 "발명가처럼 생각하라, 고객들의 문제를 해결하기 위한 새로운 방법을 찾는 데 적절한 테크놀로지를 사용하라, 그것을 고객의 손에 재빨리 전달하는 가장 효율적인 프로세스를 사용하라"고 말한다.
- **빨리** : 직원들에게 고객들이 사용할 수 있는 제품과 서비스를 재빨리 제공하기 위해 "고객처럼 생각하라"고 말한다.
- **군살 없이** : 직원들에게 "투자자처럼 생각하라"고 말한다. 높은 회수율, 자산의 효율적 사용, 최고의 마진을 추구하는 데 도움이 안 되는 행동을 하지 않는 것을 의미한다.

"존 디어에게는 우리 제품이 언제나 비교할 수 없게 훌륭했기 때문에 회사의 제품이 벤치마크가 되었다. 인적 자원에 있어서도 우리는 똑같이 높은 기준을 가져야 한다."

레인은 글로벌 퍼포먼스 매니지먼트 시스템 인적 자원 전략을 채택하면서 이렇게 엄청난 것을 한 번도 경험해본 적이 없는 회사 내부에서 논란이 많을 것이라고 알고 있었다. 그래서 우선 존 디어의 가장 큰 제조공장 몇 군데서 경영기술을 이미 높이 인정받은 한 사람을 책임자로 선정했다. 실적 경영이 문화의 분명한 일부가 되게 만들기 위해서는 시스템을 도입하는 데 있어 존 디어 트랙터를 제대로 만드는 데 필요했던 것과 똑같은 엄격함이 요구되었다.

농기계 부문의 두 명의 사장 가운데 한 명인 마클리H. J. Markley가 존 디어 글로벌 퍼포먼스 매니지먼트 시스템의 책임자로 정해졌다. 마클리는 다트머스 칼리지의 아모스 턱 스쿨에서 MBA를 한 후 1974년 입사해 더버키와 워털루 공장에서 사업본부장으로 일했다.

회사의 두 개 주요 공장인 이곳에서 마클리는 중장비 제조를 완벽하게 하기 위해 많은 프로세스를 도입하고 운영했다. 제조업에서는 고도의 실적을 달성하기 위해 지원 시스템이 마련되었다. 목표를 세우고 문제를 파악하고 재원이 적절히 배분되었다.

그러나 인적자원 부문에서는 꼭 같은 말을 할 수가 없다. 실제로 많은 직원들이 고객 만족과 고품질 제품을 위해 헌신적으로 열심히 일했다. 그러나 협력 체제가 확실하지 않았다. 협력 체제를 확립하기 위한 시스템이 없었다. 이것이야말로 거론돼야 할 회사 문화의 일부분이었다.

밥 레인은 인적자원의 성공은 한 조직의 장기적인 생존을 결정하는데 '핵심 중의 핵심' 요소라고 말한다. 퍼포먼스 매니지먼트 시스템을 성공적으로 도입하기 위해 그는 이미 복잡한 프로세스가 효율적으로 작동하는 것을 증명한 경험이 있는 존경받는 리더가 필요하다고 느꼈다.

직원들에게 작업과정의 일관성으로 고품질의 제조 결과를 낳는 퍼포먼스 매니지먼트 시스템을 소개함으로써 마클리는 그것의 중요성을 인식시켰고, 많은 직원들에게 회사가 얻게 되는 이익과 장기적인 성공을 이해시키는 데 도움을 주었다.

▌▌▌ 한계선을 넘어

봅 레인이 제시한 존 디어의 미래를 위한 목표는 사람과 제품을 훨씬 뛰어넘는 것이었다. 그는 존 디어가 진정으로 위대한 회사가 되기 위해서는 사업도 제품 못지않게 훌륭해야 한다고 믿었다. 주주 부가가치(SVA)는 레인이 회장이 된 지 3개월 후 회의에서 발표한 계량법이다.

레인은 전에 건설 및 삼림장비 부문에서 사용했던 경제 부가가치 공식의 단순화된 버전에 근거해볼 때 SVA가 전 세계의 직원이 이해할 수 있고, 전사적으로 채택될 것이며, 모든 직원이 주주들에게 더 많은 가치 창출을 한다는 공통의 목표를 향해 일할 수 있는 수단이라고 발표했다. 레인은 목표를 높이 잡았다. 진정으로 위대한 기업을 이루려면 목표를 높이 세워야 한다고 믿었기 때문이다.

원래 정한 선은 회사가 활동자산 수익(OROA)이라고 부르는 것의 12% 정도면 합격이었다. 그러나 위대한 기업이 되기 위해서는 실제로 회사의 실적이 최고로 좋았던 해보다 더 나은 선인 20%를 추구할 필요가 있다는 결론이 내려졌다.

조건은 쉽게 설명이 되었고, 레인은 이 목표를 달성하기 위해 18,000명의 직원들의 역할이 얼마나 중요한가를 거듭 역설했다. 간단히 말해서 OROA는 평가수단이고, SVA는 결과였다. 더 적은 자본으로 더 효율적인 운영을 함으로써 창출되는 추가 현금이다. 이 새로운 시도를 돌리는 엔진이 바로 글로벌 퍼포먼스 매니지먼트 시스템이며, 분명한 목표를 향해 매진하는 헌신적인 직원들의 고도의 추진력을 조정하는 시스템인 것이다.

레인은 자주 이런 말을 했다. 그것은 목표에 대단한 영향을 미치는 것을 위해 좋은 일일 수 있는 것을 잠시 옆으로 제쳐놓는 것을 의미한다고. 회사는 SVA의 현격한 증가를 목표로 했다. 자본비용과 세전 이익 사이의 큰 차이를 말하는 것으로 레인은 스스로를 치어리더라고 생각했다.

"내가 해야 할 일 중 가장 큰 일은 모든 사람이 이해할 수 있고, 업무 중 행동으로 보여줄 수 있도록 설명하는 것"이라고 레인은 말했다.

사업결과를 개선하는 이런 노력에서 존 디어가 이득을 본 것은 북미지역 직원들을 대표하는 노동조직 그룹과의 공고한 관계를 확보할 수 있었다는 점이다. 존 디어는 1990년대 미국 자동차노조와 6년 노동계약을 체결함으로써 새로운 기초를 마련했다. 계약 조건에 대해 노조 지도부의 신뢰를 얻음으로써 2003년에 또다시 6년 계약을 체결하게 된다.

제조업 직원들에게 훌륭한 작업환경을 제공하고 동시에 월급 직원들과는 고도의 팀워크를 이룩한 것이 존 디어의 성공의 열쇠가 되었다.

SVA는 비슷한 리스크 아래 주주가 다른 곳에 투자했을 때와 비교해 존 디어에서 얻는 이익을 기준으로 측정한다.

"우리는 자산을 중시하는 사람들이다." 레인의 말이다. "기계와 타이어와 미수금과 같은 자산이 무엇인지 안다. 그것을 단순하게 만들기로 했다. 매일매일 일과에서 다룰 수 있는 그런 것으로. 나는 모든 사람들에게 고도로 정렬된 팀워크가 필요하며, 이제 그 임무는 직원들에게 넘겨졌다고 말한다."

목표는 미수금과 재고를 포함해 존 디어의 좀 더 큰 자산부터 우선 줄이는 것으로 시작되었다. 미수금은 대부분 소비자에게 아직 팔지 못한 딜러가 갖고 있는 기계 대금이고, 재고는 기계를 만드는 데 사용되는 장비와 재료, 그리고 만들었으나 아직 팔지 못하고 창고에 쌓여 있는 기계들이다. 기계가 고객의 손에 가능한 한 빨리 들어갈 수 있도록 사업을 구조조정함으로써 자산과 재고는 현격하게 감소했다. 말로 하기에는 매우 간단해 보인다. 그러나 SVA에 대한 전사적인 약속은 하룻밤 사이에 이루어지지는 않았다.

존 디어 문화에 오래 젖어있던 많은 매니저들은 자산을 기초로 한 실적요구를 받아들이는 데 오랜 시간이 걸렸고, 일부는 그것을 진심으로 받아들이기보다 불공정성을 놓고 논쟁을 벌이는 데 더 많은 시간을 보내기도 했다. 재정지표는 부서별로 측정되어야 한다고 우기는 사람들도 있었다.

집행을 더 복잡하게 만든 것은 존 디어를 비롯한 다른 제조업체들이 아직도 농업의 불황에 허덕이고 있다는 사실이었다. 전반적인 미국 경기가 슬럼프에 빠지자 상황은 더욱 복잡해졌다. 제반 조건이 회사를 '사슴처럼 달리게' 하기에는 완벽해 보이지 않았다.

글로벌 퍼포먼스 매니지먼트 시스템도 하룻밤 사이에 쉽게 집행되지 않았다. 과거 존 디어는 직원들의 업무 목표를 획일적으로 문서화하는 것을 그다지 강조하지 않았다. 따라서 18,000명의 직원을 대상으로 총체적이고 일사불란한 목표설정 시스템을 만들어낸다는 것은 쉽지 않았다. 기대치와 목표를 설정하기 위해서 직원들은 자기 업무를 수행함에 있어 회사의 목표에 대해 좀 더 책임을 져야 했다. 더욱 부담이 된 것은 변화를 위한 시간이 너무 짧다는 것이었다. 탄탄하고 잘 짜인 계획으로 회사를 단 몇 년 만에 위대한 회사로 탈바꿈시키기에는 너무 촉박한 시간이었다.

2004년, 전 세계 인적자원의 책임을 맡고 있던 중역인 샘 앨런은 그 작업이 그만한 대가를 지불할 가치가 있다고 생각했다.

"실적 달성을 위한 최고의 환경을 만들어내지 않았다면 최고의 업무성과를 내는 직원들이 더 나은 환경으로 떠날 수도 있다는 잠재적인 위험에 직면했을 것"이라고 그는 말했다.

직원들에게는 변화를 수용하면 눈에 보이는 이익이 있을 것이라고 말했다. 레인의 말처럼 직원들은 이기고 싶어 하고, 열심히 일한 데 대한, 그리고 기대를 충족 또는 초과한 데 대한 정당한 보상을 원한다. 존 디어의 '총체적인 보상 전략'은 여러 단계의 각각 다른 월급 체계를 모든 직급에서 높은 성과를 기록한 직원들에게 좀 더 직접적으로 보상하는 체계로 바꾸었다. 그것은 단순히 비즈니스 사이클이 상승국면이어서 회사가 잘 된다는 이유만으로 보너스가 자동적으로 지급되는 것은 아니라는 것을 의미한다. SVA는 비즈니스 사이클과 상관없이 달성돼야 하는 것이고, 매니저들은 성과급이라는 이름으로 그 이득을 보게 되는 것이다. 판매가 최고조에 달하던 시기에 회사는 기준을 높였고, 전 직원은 해를 거듭해 지속적으로 위대한 업적을 달성하는 데 초점을 맞추었다. SVA를 통해 주주들이 돈을 벌면 과거보다 더 많은 성과 보너스를 받을 수 있는 기회가 생겼다. 레인은 고객을 만족시키는 제품을 만드는 것과 사람들이 일하고 싶어하는 환경을 만드는 것은 대단히 중요한 일임을 강조한다. 그런 기준을 충족시킴에 있어 내려진 결정들 역시 회사의 소유주와 주주들의 이익을 대변할 것이라고 그는 말했다.

궁극적으로, 변화는 존 디어의 인적자원 전략을 SVA에 촉매제 역할을 하도록 만드는 것이다. 샘 앨런은 그것을 이렇게 요약한다.

"전체적으로 볼 때 이 모든 노력은 사람들이 할 수 있는 한 가장 잘 할 수 있게 도와주고, 우리 모두 충분한 동기 부여 아래 열정적으로 최고의 성과를 위해 일하게 한다는 기본 목표를 근거로 한 것이다."

SVA 계획의 중요성을 직원들에게 더욱 강조하고 목표를 달성하는 수단을 좀 더 분명하게 설명하기 위해 레인은 SVA 계획 첫 단계의 세부사항을 산 안토니오의 리더십 미팅 후 6개월이 지났을 때 발표했다. SVA 회수의 '한계선 넘기' 임무를 좀 더 자세히 설명하기 위해 고안된 것이었다. 그는 직원들이 임무를 더 잘 이해할 수 있도록 슬로건이나 캐치프레이즈를 자주 사용했다.

"내용이 있으면 달성하고자 하는 것을 더 잘 할 수 있게 된다."고 그는 말했다. 회사가 어떻게 SVA 목표를 달성할 것인가를 설명하기 위해 레인의 팀은 외부 컨설턴트의 도움을 받아 전략을 세우고 세 가지 목표를 수립했다.

1. 북쪽에서 전력 질주한다 : 탁월한 경영실적 달성.
2. 동쪽에서 씨 뿌린다 : 일정 수준의 SVA 성장률 추구 및 달성.
3. 팀워크를 조성한다 : 공통의 전 세계적인 기업 목표에 직원들과 부서를 연결시킨다.

■■■ 넘치는 것보다는 모자라는 것이 낫다

2000년, 회사를 맡고 나서 자산 장부를 들여다본 레인은 반복적인 테마 하나를 발견했다. 회사는 주주들에게 충분한 보상을 해주지 못하는 무거운 자산 때문에 허우적거리고 있었다. 레인은 존 디어가 적절한 보상을 가져다주지 않는 수백만 달러의 투자로 엄청난 부담을 지고 있다고 느꼈다. 어떤 사업은 수익성이 좋았지만 그렇

존 디어 변화 성공의 3가지 열쇠

- 강력한 리더십 팀 — 모든 계층에서의 리더십을 의미하며 비즈니스를 이해하고 신속한 결정을 내리고 다른 사람들에게 모범이 되는 리더십.
- 전략과 목표를 분명하게 하고 직원들로 하여금 자기 일을 그 목표에 맞출 수 있도록 만들어주는 글로벌 퍼포먼스 매니지먼트 시스템.
- 직원들이 지속적으로 배우고 개선할 수 있다고 느끼게 해주는 확신.

지 못한 사업도 있었다. 일부 공장은 폐쇄할 필요가 있고 기계 자산도 좀 더 잘 운영되어야 하며, 전 제품 라인을 팔아치워야 하는 사업도 있다는 결론이 내려졌다. 이 자산으로부터 회사는 합리적인 보상을 기대할 수 없었고, 따라서 고통스럽더라도 부담을 덜기 위해 신속한 조치가 취해지지 않으면 존 디어의 사업은 계속해서 주주들에게 미흡한 실적을 보여줄 수밖에 없었다.

북쪽 질주의 부분 집합은 서쪽 삭감이다. 어떤 사업 부문이나 제품 라인이 재정 기준을 충족하지 못하면 회사 자산에서 잘려 나가야 한다는 의미다. 그 결과 존 디어는 2001년 8월 대규모 구조조정안을 발표했다. 성과가 기준에 못 미치는 자산을 없애고 비용을 삭감하며 SVA 증가를 위한 더욱 강력한 기반을 구축한다는 설계였다. 이 계획의 초석은 존 디어의 소비자 제품 브랜드인 홈라이트 Homelite를 매각하는 것이었다.

1994년에 인수한 전동 쇠톱과 송풍기의 독자적인 브랜드인 홈라이트는 처음부터 존 디어의 골칫거리였다. 2000년 세전 기준으로 7천만 달러의 손실을 기록했다. 이 라인을 소유한 이래 누적 손실은 그 금액의 몇 배에 달한다는 예측도 있다. 존 디어는 홈라이트를 1990년대 초, 사이클을 타지 않고 성장하는 브랜드로 보고 인수했다. 그러나 이 브랜드는 오래되고 잘 알려졌음에도 불구하고 존 디어 같은 소비자 파워를 갖고 있지 못했다. 사업은 더 이상 존 디어에 맞는 사업이 아니었고, 홈라이트는 2001년 홍콩의 텍트로닉스 인더스트리스에 팔렸다.

그러나 몇몇 움직임은 전통적인 자산 매각보다 훨씬 고통스럽고 혹독했다. 존 디어는 1999년 테네시 그레이트 스모키 마운틴에 3천 8백만 달러를 들여 30만 평방피트에 달하는 최첨단 제조시설을 건설했다. 많은 사람들이 봅캣Bobcat으로 알고 있는 스키드 스티어 로더를 제조하는 공장이었는데, 봅캣은 그 제품 분야에서 가장 인기 있는 브랜드였다. 최첨단 제조 시스템으로 유명한 이 공장은 존 디어의 상업용 스키드 스티어 로더를 생산했고, 대략 250명의 비노조 종업원들을 고용하고 있었다.

버지니아에 있는 또 다른 제조공장도 비슷한 상황에 있었다. 존 디어는 이 공장을 다목적 자동차만을 제조하기 위해 건설했다. 그러나 이 자산들은 존 디어의 대차대조표에 엄청난 압박을 가했다. 레인은 드디어 결정을 내렸다. 새 공장의 문을 닫고 여러 세대에 걸쳐 존 디어 제품을 만들어온 노조가 있는 공장에 작업을 돌려주기로 했다. 존 디어 품질을 위해 헌신하는 직원과 지금 사용하는 공장보다 더 많은 생산 능력을 갖고 있어 보이는 지역에 돌려준 것이다.

"일부 투자는 새롭고 현대적인 것인데 아깝다"고 CFO 네이트 존스Nate Jones는 말했다. 그러나 그 공장을 가지고 북쪽에서 질주할 수 없었고, 그 공장들을 계속 갖고 있어야 하는 이유도 설명되지 않았다.

존 디어가 취한 추가의 조치들은 미국 내 월급 직원을 8% 줄이는 것, 소비자 수요 사이클의 변화를 좀 더 신속하게 반영할 수 있도록 장비 생산을 줄이는 것, 그리고 고용효율과 전반적인 비용의 효율 극대화를 위해 부서의 구조조정을 단행하는 것 등이다. 존스는 말한다.

"이 조치들은 사업의 수익성을 높이기 위해 단순히 경기가 나아지기를 기다리는 것만으로는 안 된다는 분명한 신호다."

디어 앤드 컴퍼니는 2001 회계연도에 6천4백만 달러의 순손실을 기록했는데, 2000년의 4억8천6백만 달러에 비하면 엄청나게 줄어든 것이었다. 더 중요한 것은 회사가 자산을 줄이고 더 많은 수익을 낸다는 계획을 도입한 후 12억 달러라는 마이너스 SVA 결과를 기록했다는 사실이다. 그 중요성과 실행의 긴박성을 강조하기 위해 레인은 1년 전 새 목표를 발표할 때 만났던 바로 그 리더십 그룹에 편지를 썼다.

2001년 11월 30일자 편지는 오랜 기간에 걸쳐 회사가 "위대한 제품과 직원들과 시장에서의 위치에도 불구하고 상대적으로 빈약한

실적을 보였다”고 말했다. “더욱 염려스러운 것은 우리의 재정 결과가 불황기에만 부진한 것이 아니라 호황기에도 그랬다는 점이다. 이것을 바꿔야만 한다”고 그는 썼다.

편지에 동봉된 차트에는 1991년부터 2001년까지 존 디어의 장비 사업을 기록한 SVA가 비교되어 있었다.

“차트를 보면 정신이 번쩍 들게 하는 현실을 볼 수 있을 것이다”라고 레인은 썼다. “나아지고 있는 것은 분명하지만 결국 지난 11년 중 오직 1997년과 1998년만 적절한 수치에 가까웠다. 우리가 위대한 비즈니스를 달성하려면 최악의 해도 제로에 가까워야 하고, 보통인 해도 가장 좋은 해였던 1997년보다 훨씬 더 좋아야 할 것이다.”

레인의 편지는 계속된다. 존 디어의 헌신적인 직원들, 독특한 유산, 그리고 품질과 신용 면에서 세계적으로 알려진 비교할 수 없는 제품들에 대해서. 그러나 레인은 말했다. 존 디어는 두 개의 중요한 결점을 극복해야 한다고.

1. 자산 비중이 크다 : 장비 사업에서 재고, 미수금, 공장 장비를 고객에게 봉사하는 데 필요한 것보다 더 많이 갖고 있다는 의미다.

2. 고비용으로 마진이 부족하다 : 그리고 항상 고객이 정의하고 원하는 가치에 맞는 설계와 가격을 책정하지도 않는다.

오래된 제조업체들의 문제점은 전통이 기준 관행이 되어버려 한

Combine(대형 수확기)

발 물러서서 문제를 규명하는 것이 어렵다는 점에서 비슷하다. 문제 해결은 너무나 간단해 보인다. 한 예가 존 디어의 콤바인이다. 레인은 말한다.

"참 대단한 제품이다. 이것은 바퀴 달린 공장이나 마찬가지다. 수확을 하고 5분 안에 이렇게 깨끗한 곡물을 손에 넣을 수 있다니, 모든 것이 한 번에 다 된다."

그러나 존 디어의 콤바인 비즈니스는, 궁극적인 목표가 공장을 돌리고 제품을 만들어내는 것이었던 자동차 산업과 비슷하게 운영되고 있었다. 딜러들은 좋은 금융 조건을 받아 먼저 받은 물건은 처분하지 못하고도 새 물건을 받을 수 있었다. 딜러들이 구형 콤바인을 파는 동안 기계는 창고에 이자도 안 물린 채 쌓여 있어 신형 콤바인의 마진을 깎아먹었다. 신형 콤바인이 아무 이문도 없이 팔려 나가는 일도 자주 있었다. 경기가 붐을 탔을 때도 존 디어의 최상급 비즈니스 라인인 농업 부문의 수익이 기대에 미치지는 못했다. 전

프로세스에 걸쳐 손질을 할 필요가 있었다.

2002년 레인은 연례회의에서 농업 관련 딜러들을 만났을 때 이런 불합리한 금융 관행은 당장 중단되어야 하며, 그래서 존 디어와 딜러들이 끝없는 악순환의 사이클에서 벗어나야 한다고 선언했다. 콤바인은 주문 생산할 것이며, 적절한 마진을 붙여 판매할 것이며, 딜러들은 우선 중고장비를 살 구매자를 찾아야 한다고 말했다.

"나는 모든 사람들에게 똑같은 얘기를 한다." 레인의 말이다. "우리는 우리 딜러들에게 비즈니스를 개선할 것이라고 말했다. 그들이 우리 계획을 지지하지 못하면 지금이야말로 변화를 꾀할 때다. 그러나 위대한 비즈니스를 창출하기 위해 장기적으로 우리 역시 위대한 회사를 대표하는 그들의 사업을 도울 것이다."

▮▮▮ 왜 위대한 사업인가

질문은 너무나 분명하다. 한 회사가 존 디어만큼 오래 버텨왔으면 우선 왜 비즈니스를 손질해야 하는가를 고민해보는 것은 너무나 당연한 일이다. 1837년 중서부의 쟁기 제조업체로 출발해 수십억 달러의 세계적으로 인정받는 최고의 장비를 생산하는 업체로 변화해온 회사 아닌가.

"토마스 프리드만은 오늘날의 비즈니스 환경에서 특출하게 뛰어난 기업이 아니면 글로벌 시대에 살아남기 어려울 것이라고 말했다." 레인의 말이다. "우리들에게는 전임자들이 했던 것을 그대로 이어갈 아무런 권리도 없다. 농기계 업계에서 지난 20년 동안 온전히 살아남은 회사는 존 디어 말고는 아무도 없다. 다른 회사들은 모두 합병됐다."

위대한 회사를 만들겠다는 생각은 무조건 경비를 줄이고 단기적인 전망만으로 비즈니스를 공동화하겠다는 것이 아니다. 오히려 주주들에게 장기적인 성장으로 보답하겠다는 것이다. 그렇게 하기 위해서 레인은 "주주들에게 직접 봉사할 수는 없으므로 일은 현장에서 이루어져야 한다. 우리들에게 돈을 제공하는 사람들, 즉 고객에게 좀 더 일관된 서비스를 해야만 한다. 이것을 군살 뺀 자산 운영과 함께 복합적으로 실천함으로써 주주들에게 이익을 돌려줄 수 있다"고 말했다.

"우리는 성실성에서 절대로 양보하지 않을 것이다." 레인의 말이다. "주주들을 위한 지속적인 성과는 고객과 직원들에 대한 성과가 뛰어나고 지속적일 때만 가능하다. 실제로, 우리의 선택된 고객이 정한 높은 기준과 똑같은 성과를 올릴 수 없고, 최고의 직원들에 의해 선택된 회사가 되지 못하면 우리의 역사적 가치와 우리가 갈망하는 지속적인 성과를 내는 것은 불가능하다."

"우리 스스로 우리의 비즈니스를 향상시키지 않으면 우리는 다른 회사의 한 부서로 전락할 것이다."

-로버트(밥) W. 레인 (존 디어 회장 겸 CEO)

레인은 말하기를, 이 생각은 결국 위대한 비즈니스를 이루고자 하는 갈망을 달성함과 동시에 초록 회보 시리즈에서 규정한 존 디어의 가치를 추구하는 것이라고 했다. 결국 승자는 높은 수익으로 보답받는 주주, 좀 더 안정적이고 지속적인 회사로부터 득을 보는 고객, 지속적으로 높은 성과를 올림으로써 더 많은 금전적 보상을 받을 가능성이 있는 직원들이다.

"우리는 항상 노력을 해왔다. 게임마다 5야드 내지 7야드씩 더 나아가려고 애썼다. 그걸 이루었으면 좋다. 그러나 이제는 게임마다 모두 이기는 게 목표다."

주주들에게 돌아가는 수익을 비즈니스의 최우선 목표로 사용하는 것의 이점을 설명하기 위해 그는 인간의 4가지 기본 덕목을 잘 인용한다. 인내fortitude, 절제temperance, 신중prudence, 정의justice가 그것이다. 왜 존 디어 같은 회사가 단기 및 장기적 관점에서 주주들을 위한 가치 창출을 추구해야 하는가를 설명하는 모델로 그 4가지 덕목을 드는 것이다.

▪▪▪ 덕은 장기적 성공과 동일하다

레인은 말한다. 덕 그 자체만으로는 번영하는 데 충분하지 않다. 그러나 번영을 지속하는 데는 그것이 필요하다. 결국, 기업은 그 성과를 지속함에 따라 삶의 질에 가치를 더하는 상품과 서비스를 제공함으로써 인간의 번영에 공헌할 수 있다. 그것은 생계를 유지하는 명예로운 일이고, 위험부담을 안고 투자를 감행한 사람들에게 부를 안겨줄 잠재력을 갖고 있고, 세금을 냄으로써 공익 및 사회적 필요에 직접적으로 봉사할 수 있는 것이다.

1. 지속적인 가치 창출은 **인내**를 요구한다.

연구개발비를 삭감하면 투자자들에게 단기적으로는 훨씬 더 나은 결과를 가져다 줄 수 있다. 그러나 장기적으로는 혁신이라는 핵심 가치로부터 멀어짐으로써 회사가 어렵게 될 수 있다. 회사가 목표하는 바는 미래를 희생시키는 것이 아니라 위대한 제품과 오래 이어지는 고객과의 관계 위에 지속하는 위대한 존 디어를 만드는 것이다.

2. 지속적인 가치 창출은 **절제**를 요구한다.

성과를 유지하기 위해 존 디어는 기업으로서의 절제를 보여줘야 한다. 합리적인 절제가 비합리적인 무절제로 바뀌면 실패를 피할 수 없다. 예컨대, 과거 존 디어 비즈니스는 정기적으로 곤경에 처했다. 재고와 미수금 수준을 지속적으로 불필요하게 높게 유지함으로써 적정 자산 수준을 유지하지 못했기 때문이다.

3. 지속적인 가치창출은 **신중**을 요한다.

신중, 또는 가장 적절하고 수익성이 높은 행동을 취할 수 있는 능력은 존 디어 제조업을 저비용, 고효율, 고수익으로 운영할 수 있게 한다. 레인은 어떻게 절제가 큰 배당을 낳을 수 있는가의 좋은 예로 건설 및 삼림장비 부문을 든다. 1997년, 고객의 수요는 계절에 따라 크게 달라 비수기에는 엄청난 재고와 추가 비용이 발생함에도 불구하고 건설 및 삼림장비 부문은 연간 생산량의 거의 25%를 분기마다 생산했다고 레인은 말했다.

때론 회사가 자산의 부담을 안기도 했고, 때로는 공급이 제한돼 고객의 수요를 신속히 맞춰주지 못하기도 했다. 그러나 절제와 저비용의 제조는 존 디어의 건설 및 삼림장비 부문으로 하여금 수요 사이클에 맞춰 더 신속히 제품을 공급할 수 있게 해주었고, 비수기에는 비용도 절감할 수 있게 해주었다.

4. 지속적인 가치창출은 정의를 요구한다.

지속적인 성과를 바라는 회사는 정의라는 궁극적인 덕을 따라야 한다. 정의는 다른 모든 것을 집약한다. 존 디어에게 그것은 가능한 최고의 제품을 만들어서 고객이 힘들게 번 돈으로 물건을 살 때 회사가 제공할 수 있는 최고의 것으로 보답해야 한다는 것을 의미한다. 덧붙여 정의는 딜러와 납품업체를 포함, 회사가 관계를 맺고 있는 모든 사람들에게 제공되어야 한다.

▮▮▮ 성공의 배당금

글로벌 퍼포먼스 매니지먼트 시스템에 맞추기와 비즈니스 성공을 SVA를 기준으로 평가하는 것이 처음에는 어려웠지만 2002년에는 진전이 있었다. 레인은 존 디어의 전 세계 운영 단위를 거의 모두 직접 방문해 회사를 제품 못지않게 위대하게 만드는 것의 이점을 설명했다. 주주에게 더 많은 가치를 제공하는 수단과 궁극적으로 자산 대비 수익의 기존 수준을 넘어서는 것에 대해서도 얘기했다. 회사의 분산화 문화가 마침내 통일된 비즈니스 기준과 비즈니스 개선의 이점을 이해하는 쪽으로 옮겨오고 있었다.

2002 회계연도 제4분기에 이르러 그것은 가시화됐다. 디어 앤드 컴퍼니가 6천8백만 달러의 이익을 낸 것이다. 2002년 순수익은 3억1천9백2십만 달러로 뛰어 올랐으니 2001년의 6천4백만 달러 손실에 비하면 엄청난 개선이었다. 더욱 중요한 것은 2002년에 SVA를 마이너스 4억6천2백만 달러에 마감했는데, 2003년에는 순익 6억4천3백만 달러를 냄으로써 SVA 차이를 마이너스 3천3백만 달러로 줄였다는 사실이다.

그 작업은 2004년에 빛을 보았다. 회사가 더 나은 비즈니스를 하겠다는 약속이 개선된 시장상황과 맞물려 존 디어로 하여금 활동자산 대비 수익을 목표보다 상향 달성할 수 있게 한 것이다. 그 해 존 디어는 14억 달러를 넘는 이익 -그 전해의 두 배도 넘는- 을 냈고, 노조원을 포함한 모든 직원이 특별 성과 보너스를 받았다. 그 결과 2000년 8월 주당 평균 33달러에 거래되던 주가는 70달러까지 올라갔다.

성공을 축하하고 다음 단계의 비즈니스 전략으로 옮겨가기 위해 레인은 2004년 가을, 전 세계 리더십 그룹을 쿼드 시티로 불러 모았다. 2000년 CEO 취임 초 만난 이후로 처음 있는 일이었다. 업무에 방해가 되지 않기 위해 그때 이후 한 번도 회의를 소집하지 않았던 것이다. 이제 2004년, 250명의 회사 고위 글로벌 리더들이 모였다. 3일간의 미팅에서 그들은 서로 어떻게 목표를 초과달성했으며, 성과를 지속하려면 어떤 도전이 있을 것이며, 어떻게 미래의 성장을 기약할 수 있는지 의견을 나누었다.

미팅 첫날 마지막에 레인은 그들을 모두 저녁식사에 초대했고, 존 디어가 목표를 상향 달성할 수 있도록 열심히 뛴 3년을 위해 건배를 했다. 테이블에 둘러앉은 리더들은 1970년산 프랑스 보르도 와인 잔을 들고 있었다. 존 디어 세계 본부의 지하 와인 창고에서 숙성된 것이었다. 와인 창고와 와인 컬렉션은 전 회장 빌 휴잇이 시작한 것으로 그의 예술품과 와인에 대한 취향은 아직도 존 디어에서 전설로 남아 있다. 1964년 건물을 개관했을 때, 휴잇은 열쇠 한 개를 받았는데 와인 셀러를 포함해 빌딩의 모든 문을 열 수 있는 열쇠였다. 열쇠는 후임자에게 대대로 물려졌다.

"내가 들여다봤더니 1970년산 보르도가 있는데 그 해 포도가 아주 좋았다고 하더라."

좋은 와인의 재고는 양이 적기 때문에 이사회나 특별한 행사에 사용하기 위해 손대지 않는 것이 보통인데 몇 년 전만 해도 대부분의 사람들이 불가능하다고 생각했던 것을 이루어낸 250명의 업적을 축하하기 위해 그 귀한 와인을 딴 것이다. 레인은 말했다.

"왜 축하를 하느냐? 여러분들이 놀라운 일을 했기 때문이다. 그리고 내가 열쇠를 물려받았기 때문이다. 우리 함께 목표를 넘어선 것을 축하하고 빌 휴잇의 선견지명에 감사하자."

그러나 그것은 시작에 불과했다. 위대한 사업을 이루자면 회사는 그 성과를 미래에까지 지속해야 한다. 그의 도전은 향후 5년 동안 OROA 목표를 초과달성함으로써 주주들에게 가치를 되돌려주는 성과를 반복한다는 것이었다. 그러면 회사는 다시 한 번 지속적인 이익을 위해 건배를 할 수 있다. 레인은 말했다.

"위대한 회사가 되려면 이것이 지속적인 것이라는 것을 보여주기 위해 5년의 시간이 필요할 것이다."

5개년 계획을 달성하기 위해 레인은 리더십 미팅 동안 2단계 비즈니스 전략을 공개했다. 거기에는 성장이 포함되어 있었고, 약간 변형된 명칭이 주어졌다.

"우리 제품 못지않게 위대한 비즈니스를 창출한다."

2005년 초, 존 디어의 목적이 이것이다. 1년 동안 하면 보상이 있을 것이다. 5년 동안 한다는 것은 존 디어가 위대한 회사로 불릴 권리가 있다는 것을 의미한다. 주주와 직원들은 계속해서 보상을 받을 것이다. 투자에 대한 수익이나 직원들의 보너스가 전혀 희망이 없는 경기 하강 곡선의 해는 특히 그럴 것이다.

성장한계선을 넘어서고 성과를 지속시키는 임무를 설명하기 위해 새로운 구호가 발표되었다.

- **북쪽에서의 탁월함을 유지한다.**
- **SVA 성장을 위해 동쪽을 공략한다.**
- **팀워크를 통해 목표를 높이 잡는다.**

"다른 수단도 있는데 왜 지속적인 SVA에 그토록 초점을 맞추는가?" 레인은 말했다. "SVA, 즉 기본적으로 운영 이익과 추정 세전 자본비용 간 차액은 효율적인 자산 운용의 이점, 수익성, 그리고 고객을 만족시키는 최고 제품의 성장을 다 밝혀내는 한 가지 수단이다. 몇 년에 걸쳐 플러스 SVA가 지속될 경우 특히 그러하며, 그것이야말로 우리가 추구하는 바다."

이 메시지는 레인이 존 디어와 관련된 모든 사람들에게 전하는 것이다. 미국 자동차노조의 리더이든, 존 디어 딜러든, 고객이든, 직원이든, 아니면 존 디어가 진출해 있는 지역 사회의 리더이든. 그는 존 디어의 미션이 주주들에게 봉사하는 것이며, 그것이 현장에서의 실천으로 달성되며, 존 디어가 고객과 직원들을 그 어느 때보다 더 잘 관리해야 한다는 의미임을 그들이 이해하도록 도와준다.

"게임은 운동장에서 벌어진다. 그러나 이제는 득점게시판도 좀 더 주의 깊게 살펴야 한다. 목표를 달성하는 데 도움이 된다고 믿는 결정적인 숫자에 초점을 맞춰야 하는 것이다."

고객에 초점을 맞추고 주주들에게 더 큰 수익을 가져다줌으로써 존 디어는 전설적인 그 제품처럼 해를 거듭해 신뢰할 수 있는 기업으로 발전할 것이다.

7

브랜드를 살려라

트랙터 하면 존 디어를 생각한다. 초록색 하면 존 디어를 생각한다. 그리고 누구라도 초록색 배경에 노란 사슴이 뛰어오르는 트레이드마크를 보면 즉각 존 디어, 그리고 이 회사가 상징하는 모든 것을 떠올린다.

어떤 회사, 또는 사업의 가장 큰 경쟁력은 오랜 세월 고객으로부터 쌓아온 평판이다. 직원들이 바뀌고 제품은 진화하지만 자사 브랜드가 지속적으로 사랑과 존경을 받는 회사는 시장에서 차별화된다. 창사 이래 품질과 서비스에 대한 평판이 계속 좋아진 존 디어는 창립 172주년이 되는 해 그 어느 때보다 더 강력한 브랜드 파워를 갖게 됐다. 봅 레인은 말한다.

"존 디어 브랜드는 고품질 제품의 상징으로 여겨질 뿐 아니라 진정한 가치를 파는 것을 목표로 하는 공정하고 명예로운 사람들로 인식되고 있다."

트랙터 하면 존 디어를 생각한다. 초록색 하면 존 디어를 생각한다. 그리고 누구라도 초록색 배경에 노란 사슴이 뛰어오르는 트레이드마크를 보면 즉각 존 디어, 그리고 이 회사가 상징하는 모든 것을 떠올린다. 이 브랜드 마크는 존 디어의 기본적인 가치, 평판, 회사와 딜러들이 유지해온 서비스 수준 등 이 모든 것이 하나가 되어 떠오르게 한다.

그것은 세계에서 가장 잘 알려진 심벌 중의 하나다. "그 어느 것도 디어처럼 뛰는 것은 없다"라는 존 디어의 약속을 반영한다. 그리고 그것은 우연히 생긴 것이 아니다. 오랜 세월 성능이 좋은 고품질의 제품을 만들기 위해 애써왔던 것과 마찬가지로 회사를 대표하는 심벌을 보호하기 위해서도 그 못지않은 노력을 기울여왔던 것이다.

▪▪▪ 초기의 이미지

존 디어의 직원과 리더십이 지속적인 것과 마찬가지로 회사 역시 브랜드 마크의 지속성을 유지해왔다. 1876년 처음 선보인 이래 뛰어오르는 사슴 이미지는 일곱 번 바뀌었다. 가장 최근의 개정이 2000년이었다.

최초의 것은 창립자 존 디어와 그의 아들이자 당시 CEO였던 찰스 디어가 1868년 농기계 제조업체를 디어 앤드 컴퍼니로 법인화할 때 모습을 드러냈다. 회사는 31년 동안 공동 또는 단독투자회사로 운영되어 왔지만 '존 디어 멀린 쟁기'라는 사업체 이름과 관련한 트레이드마크 소송에서 패했다. 찰스 디어는 1867년 경쟁자인 스완 앤드 컴퍼니를 트레이드마크 침해로 고소했는데, 그 쟁기 회사가 광고에서 디어의 것과 너무나 비슷하게 보이는 '멀린Moline'이라는 글자를 썼기 때문이었다. 1869년 회사는 연방 순회재판소에서 이겼으나 '멀린'이라는 단어를 구석으로 몰아넣고 존 디어를 트레이드 마크에 그대로 사용해 그 뒤 항소심에서 졌다.

당시 소송에서 진 것은 존 디어에게는 엄청난 좌절로 비쳐졌다. 그러나 봅 레인은 그것을 회사의 풍요로운 역사 가운데 있었던 몇 개의 주요한 전환 순간 중의 하나였던 것으로 간주한다. 그 소송은 디어 가문으로 하여금 회사의 이름을 바꾸고 법인화하도록 하는 촉진제가 되었다. 업무 역시 기업적 정체성을 갖추기 시작했다. 트랙터에서 잔디깎이, 모자, 티셔츠, 자동차 번호판에 이르기까지 문자 그대로 수십만 가지 제품에 전 세계 어디에서나 볼 수 있는 인기 브랜드 마크로 진화한 기업 정체성이었다.

회사가 다른 회사와 차별되는 제품과 특성을 가졌음을 인지한 찰스 디어는 미래에도 사용할 수 있는 독특한 트레이드마크를 만들고자 하였다. 그 결과가 뛰어오르는 사슴 이미지였다. 1876년 처음으로 공개되었는데 통나무를 건너뛰어 땅에 발을 딛는 뿔 달린 사슴 모습이었다. 그리고 그 이미지에 '존 디어'와 '멀린 III'이라는 단어가 들어갔다.

1968년 버전이 나오기까지 존 디어 브랜드 마크는 6번 더 바뀌었다. 1968년 버전은 사슴의 모습과 '존 디어' 글자 모양이 바뀌었는데, 그것이 세계 유수의 농기계 업체로 떠오른 회사의 현대적 심벌이 된 것이다.

1998년 초 당시 회장 겸 CEO인 한스 베커러가 중역들로 구성된

팀을 만들어 존 디어 브랜드 마크를 좀 더 정확하게 회사의 향후 발전과 세계적이고 다양한 비전을 반영한 것으로 바꾸도록 했을 때 회의론이 제기된 것은 당연한 일이었다. 존 디어의 로고가 전 세계에서 가장 잘 알려진 것이었을 뿐 아니라 회사 제품과 라이선스 품목인 초록과 노란색 모자 같은 것들이 수집가 사이에 애장품으로 발전했기 때문이다. 인기품목이던 2실린더를 1960년 뉴 제너레이션 파워 모델로 바꾸었을 때와 마찬가지로 일부에서는 전통을 기반으로 한 회사가 브랜드 마크는 그대로 지켜야 하는 것이 아닌가 하는 의문을 가졌다.

그러나 존 디어는 땅에 근거를 둔 회사로서 절대로 한 곳에 묻혀버리지 않았기 때문에 한 세기 반이 넘는 시간을 지탱해왔다. 지도부와 직원들은 전통적인 가치를 기반으로 해서 현대적인 회사를 창조하고자 노력했지 그 반대로 간 적은 한 번도 없었다. 물론 존 디어의 1968년 로고는 여전히 잘 알려져 있다. 실제로 1990년대 후반 존 디어 브랜드 인지도는 최고점에 달했다. 우려되는 바는 회사가 브라질, 중국, 인도 등 세계적으로 확장됐고, 또 고급 농기계에 GPS 같은 최첨단 시스템을 사용하여 기술 선도자로 부상함에 따라 트레이드마크가 21세기 현대적 기업으로서의 존 디어를 정확하게 반영하지 못할 수도 있다는 점이었다.

한스 베커러와 선임 자문위원회의 성원 아래 커뮤니케이션 담당 부사장 커티스 링케Curtis Linke는 1999년 봄, 직원은 물론 딜러, 고객, 학생, 일반 시민대표 24명을 포함해 200명을 불러 모아 2시간 반에

존 디어의 로고 변천사

걸친 회의를 했다. 회의는 유명한 브랜드 및 디자인 컨설턴트 회사가 주재했다. 내부 및 대표자 회의 조사결과는 인지도는 높지만 1968년에 제작된 뛰어오르는 사슴 브랜드 마크가 현재 및 미래의 방향과는 일치하지 않는다는 것을 드러냈다. 가장 두드러진 의견을 보자. 1968년 트레이드마크를 그림으로 그려보라는 질문에 10명 중 9명은 사슴이 발을 땅에 딛는 모습이 아니라 뛰어오르는 모습을 그렸다. 1876년 첫 선을 보일 때부터 사슴은 땅에 발을 딛는 모습이었는데도 말이다.

존 디어는 2000년 8번째의 로고를 채택했다. 아이러니하게도 봅 레인이 회사의 긴 역사 속에서 8번째 회장으로 취임한 직후의 일이었다. 최신 마크는 진화해온 유산을 그대로 반영하고 있었다. 그러나 더 날카로워진 뿔과 각도와 근육질, 그리고 처음으로 사슴이 실제로 위를 향해 뛰어오르는 모습을 그림으로써 이 새 이미지는 농기계를 주력제품으로 하던 미국 회사가 파이낸스에서 중장비, 소비자 제품에서 특수 테크놀로지 솔루션까지 다양한 사업 분야에 관심을 갖고 세계적 조직으로 변화해온 현재의 존 디어의 지위를 잘 반영했다.

이 마크는 존 디어 브랜드가 오늘날 상징하는 것을 묘사하고 있다. 과거에 자부심을 갖는 회사, 유산을 바탕으로 유지하고 확장하지만 동시에 새 기회의 지평을 예의주시하는 회사. 이 현대화한 뛰어오르는 사슴은 새 천년을 향해 확신과 파워로 나아가는 존 디어의 이미지를 투사했다.

"이것은 우리의 글로벌한 힘을 보여준다. 그리고 새로운 기회를 포착하려는 우리의 의지를 보여준다"고 링케는 말했다.

▪▪▪ 디어처럼 뛰는 것은 아무것도 없다

그러나 존 디어의 인기 있는 광고 슬로건이나 고객에 대한 브랜드 약속의 기원이 뛰어오르는 사슴 로고처럼 조심스럽게, 또는 의식적으로 진화해온 것은 아니다. KFC(켄터키 프라이드 치킨)의 '손가락을 핥을 정도로 좋은(Finger Lickin' Good)'이나 AT&T의 '손을 뻗어 누군가를 만져라(Reach Out and Touch Someone)'처럼 시간을 초월한 슬로건 중의 하나로 꼽히는 존 디어의 '디어처럼 뛰는 것은 아무 것도 없다(Nothing Runs Like a Deere)'는 전례가 없는 탁월한 것이지만 원래 트랙터나 콤바인과는 아무 상관이 없는 것이었다.

"디어처럼 뛰는 것은 아무 것도 없다"의 기원은 1970년대 존 디어가 스노모빌 새 라인을 출시하던 때로 거슬러 올라간다. 스노모빌이 여가 스포츠로 각광받기 시작한 것은 1960년대 말이었는데, 100개도 넘는 제조업체들이 이 급성장하는 시장에 뛰어들기 위해 안달을 했다. 존 디어가 스노모빌 시장에 진입한 것은 합리적으로 보였다. 회사의 대부분의 매출이 미국 북부와 캐나다에서 이루어지고 있었기 때문이다. 잔디 및 정원 용품으로 존 디어가 이미 막강한 딜러십을 갖고 있는 지역이었다.

은퇴한 존 디어 마케팅 디렉터 랄프 휴즈Ralph Hughes는 아웃도어 여가용품에 관한 조사 결과 "잔디깎이와 정원용 트랙터를 구입하는 바로 그 사람들이 스노모빌도 구입할 전망이 크다"는 사실을 알아냈다고 밝혔다. "그들은 야외 활동, 즉 사냥, 낚시, 정원 가꾸기 같은 것을 즐기는 사람들로 농장이나 전원 또는 작은 마을에 사는 사람들"이라고 휴즈는 말했다.

존 디어는 1971년 경쟁이 치열한 스노모빌 사업에 뛰어들었다. 제조는 위스콘신주 호리콘에 있는 존 디어 호리콘 워크스John Deere Horicon Works에서 했다. 이 제품은 존 디어 딜러들에게 잔디 및 정원 용품 말고 겨울에 팔 수 있는 것을 제공했으며, 스노모빌은 시장에서의 이점도 있었다. 존 디어 이름과 1800년대 초까지 거슬러 올라가는 제조 역사가 뒷받침되었기 때문이다. 이 장비 역시 존 디어의 트레이드마크 농기계처럼 초록색으로 칠해졌지만 최초의 스노모빌 광고에는 한 번도 사용된 적이 없는 슬로건이 들어 있었다.

파워? 존 디어는 여러분에게 두 가지 선택을 드립니다. 339cc 또는 436cc. 우리는 또 그 어느 스노모빌도 주지 못하는 것을 드립니다. 여러분 동네의 존 디어 딜러가 서비스, 부품, 달리는 경험을 드립니다. 만나보시면 이유를 알게 됩니다. 디어처럼 달리는 것은 아무것도 없습니다.

1992년 은퇴하기까지 38년간 존 디어에 재직한 농기계 및 소비자 제품 부서의 광고 담당 이사인 휴즈는 새 스노모빌 출시 캠페인을 하기 위해 외부 광고 에이전시와 함께 존 디어 위원회의 한 멤버로 일했다.

봅 라이트Bob Wright는 미주리주 세인트루이스에 있는 가드너 에이전시의 카피라이터로, 1971년 그 캠페인 작업에 참여하고 있었다. 캠페인 슬로건의 데드라인이 임박하자 에이전시 멤버들은 아이디어를 짜내고 스케치를 하느라 밤늦게까지 일했다. 라이트가 "디어처럼 뛰는 것은 아무것도 없다"를 제안하며 종이 위에 그것을 끄적거렸다. 몇몇 사람이 괜찮다는 웃음을 보냈지만 대부분 무시했다. 어딘가 바보스럽고 '존 디어'라는 브랜드 이름이 다 들어가지 않아 존 디어 팀이 좋아하지 않을 거라는 생각 때문이었다. 그 아이디어는 쓰레기통 속으로 들어가 버렸다고 휴즈는 말했다.

쉽게 사람을 끄는 맛에 매료된 라이트는 다시 그 아이디어를 끄집어내 존 디어 광고 팀에게 보여줬다. 그들은 너무나 좋아하면서 "디어처럼 뛰는 것은 아무것도 없다"를 1971년 시작된 존 디어 스노모빌 마케팅의 중추 개념으로 받아들였다. 그 슬로건은 1974년 새로운 테마인 '빅 존'에 자리를 넘겨주며 스노모빌 그룹에 의해 폐기되었다가 1978년 다시 복원돼 1982년 스노모빌 경기의 급속한 후퇴를 이유로 회사가 생산을 중단할 때까지 사용되었다(전체 스노모빌 업계가 1971년에 선적한 썰매 대수는 56만3천 대였는데 1982년에는 14만1천 대로 대폭 줄었다).

휴즈는 스노모빌 출시에 맞춰 "디어처럼 뛰는 것은 아무것도 없다"가 처음 채택되었을 당시 존 디어의 광고 매니저였다. 그의 진급과 함께 농기계 및 소비자 제품 부서의 이 슬로건 사용도 계속되었다. 곧이어 더 상급부서에서도 이 슬로건을 채택했고, 오늘날에는 전사적으로 사용되어 세계에서 가장 알려진 광고 슬로건이 되었다.

▮▮▮ 초록색 기계

존 디어의 초록색 제품은 브랜드 마크처럼 세심하게 계획된 역사를 갖고 있지는 않다. 제품에 초록색을 사용한 것은 1880년대까지 거슬러 올라가는데, 미니애폴리스 지사의 대표가 찰스 디어에게 공장에서 '사과빛 초록색' 페인트를 써 마감 작업을 제대로 하지 않는다고 불평을 했다. 그는 '사과빛 초록색'을 원래의 밝은 초록으로 되돌려 가능한 진하게 하되 '업계에서는 여전히 같은 색깔로 보이게' 하자고 제안했다.

초록색은 1918년 회사가 워털루 가솔린 트랙션 엔진 컴퍼니를 인수하면서 존 디어의 색으로 다시 입지를 굳혔다. 그 회사의 제품들이 초록색 바탕에 빨간색과 노란색 줄이 쳐진 것이었기 때문이다.

1930년대 존 디어의 새 트랙터 모델 A와 B 디자인을 위해, 그리고 다시 1950년대 말 뉴 제너레이션 파워 트랙터 디자인을 위해 산업 디자이너 헨리 드레이퍼스가 고용됐을 때 회사 제품의 색상으로 초록색이 다시 고려되었다. 결국, 초록색이 가장 좋은 색깔로 결정되었으며, 오늘날 대부분의 장비가 존 디어 트레이드마크인 초록색으로 뒤덮이게 되었다. 이 원칙에 예외가 있다면 존 디어 건설과 삼림장비이다. 건설 장비는 대체로 노란색인데, 건설 부문의 대부분 장비에서는 공통된 현상이다. 제품 측면에 새겨진 'Deere'라는 단어는 주 경쟁자인 캐터필러사의 'CAT' 휘장과 크기가 같다. 그러나 전체 로고가 각각의 장비 어딘가에 반드시 들어가 있다. 회사 시그니처는 고객에게 그만큼 중요하다.

이렇게 된 것은 원래 존 디어가 1956년 건설 사업에 진출했을 때 캐터필러의 노란색 기계들이 농업 분야에서 존 디어의 초록색 기계들과 맞먹는 명성을 갖고 있었기 때문이다. 존 디어도 노란색 제품으로 시장에 진출했고, 그것이 그대로 유지되었다. 부서에서 사용한 존 디어 로고조차 초록 바탕에 노랑이 아니라 검정 바탕에 노랑이었다. 최근 들어서는, 예컨대 트랙터나 콤바인에 사용되는 특수한 스타일의 조종실처럼 특별한 존 디어 스타일이 새 건설장비에 점점 더 많이 쓰이고 있다. 브랜드의 인지도와 장점을 더 잘 활용하려는 노력의 결과다.

1999년 회사 역사상 최대의 인수 작업인 핀란드의 팀버잭 Timberjack을 인수할 때까지는 삼림장비에서도 역시 노란색을 사용했

팀버잭의 벌목 장비

다. 팀버잭 인수로 회사는 세계 유수의 벌목장비 제조업체가 되었다. 팀버잭 제품 라인은 초록색과 노란색을 사용했는데, 이미 알려진 존 디어의 색과 같은 색조는 아니었다. 회사 관계자들은 팀버잭이 삼림장비에서는 강력한 브랜드 인지도를 갖고 있기 때문에 지금은 이름을 그대로 유지하지만 색깔은 전통적인 존 디어 색깔로 바뀔지도 모른다고 생각한다.

▌▌▌ 정성을 들여 브랜드를 판촉하라

수십 년에 걸쳐 존 디어 모자는 농장이나 시골에서만 인기가 있었다. 그러나 골동품 존 디어 트랙터에서부터 존 디어 모자, 장난감, 크리스마스 램프에 이르기까지 존 디어 제품을 모으는 컬렉터들의 수가 늘어나기 시작했다. 이 열렬한 팬들에게 봉사하기 위해 존 디어는 멀린 중심가에 컬렉터 센터를 개관했다.

지난 몇 년간 존 디어 브랜드는 폭발적으로 늘어났다. 모자나 시골에서 보는 자동차 앞에 붙이는 장식물만이 아니라 초록색 바탕에 뛰어오르는 노란색 사슴 이미지는 MTV의 랩 가수 바우 와우, 배우 애쉬튼 커처, 키드 록 같은 연예인들에 의해 공공연히 애용되었다. 영화 〈퍼펙트 스톰〉에서 조지 클루니도 이 모자를 썼다. 테니스 스타 앤디 로딕도 이 모자를 쓴 적이 있고, 〈아키텍처럴 다이제스트〉지 커버에 나온 배우 데니스 퀘이드도 존 디어 모자를 애용했다. 남자 고등학교가 파할 때 교문 앞에 서서 존 디어 모자를 쓴 아이들 수를 세어보라. 세련된 멋쟁이들에게 존 디어에 대해 물어보면 반드시 미소로 대답할 것이다. 존 디어 의류 및 기념품을 취급하는 Rungreen.com은 2003년 모자 매출이 800% 내지 1,000% 신장했으며, 미국 전역의 아이들이 건전지로 작동하는 존 디어 4X2 게이토 자동차를 타는 것을 볼 수 있다.

존 디어 브랜드의 엄청난 인기 덕에 라이선스에서 벌어들이는 수입이 2년 만에 두 배 이상 늘었다. 존 디어 브랜드의 부츠, 플래시, 모자, 티셔츠, 그 밖에도 입고 쓰고 수집하기 위한 수백 가지 아이템이 멀린에서 맨해튼에 이르기까지 그 인기를 더해가고 있다. 완벽한 예 한 가지. 볼드 게임스와 가브리엘 엔터테인먼트가 2004년 출시한 '존 디어: 미국 농민John Deere: American Farmer'이라는 이름의 인터액티브 컴퓨터 게임은 출시하자마자 인기 차트 최상위를 기록했다.

존 디어 마크가 찍힌 아이템의 인기는 회사 카탈로그에 로고가

장식된 펜과 시계줄, 열쇠고리 등을 소개한 1920년대로 거슬러 올라간다. 그러나 존 디어가 브랜드를 회사 차원에서 한 단계 높이기로 한 것은 1995년 브랜드 매니지먼트 그룹을 형성하면서부터였다. 그룹에서는 수백 개의 품목에 라이선스를 주어 로열티 수입을 올렸다. 존 디어 라이선스 제품의 매출은 1995년에서 2001년 사이 다섯 배로 신장했고, 2004년까지 다시 배가 되었다. 제품들은 전통적인 대형 소매업소, 특수 품목 취급 웹사이트, 존 디어 딜러 등에서 팔렸는데, 특히 딜러 숍은 인기 있는 장비의 축소형 복제품처럼 고급 선물이나 소장품 등을 취급했다.

회사는 수익 증대를 위해 제품들에 라이선스를 주었지만 27만5천 달러짜리 콤바인이나 17만5천 달러짜리 트랙터를 팔아 얻는 이익에 비하면 이익은 미미했다. 제품에 라이선스를 주는 가장 큰 이유는 굴착기, 트랙터, 게이토, 잔디깎이 같은 제품들의 브랜드 가치를 좀 더 널리 알리자는 것이었다.

매출이 늘고 라이선스한 제품의 판매도 신장함에 따라 브랜드 파워와 인지도는 트랙터나 장난감을 훨씬 넘어섰다. 조지아주 경계선을 따라 대규모 농장을 운영하고 있는 테네시의 한 사업가는 일꾼들이 고용 조건에 대해 물으면 존 디어 건강보험카드를 보여준다. 혜택이나 수혜 범위를 묻지도 않고 일꾼들은 즉각 존 디어 건강보험이 좋다고 말한다. 자기들이 매일 사용하는 장비와 같은 회사 것이니까. 존 디어 건강보험회사가 조지아주에서는 건강 보험을 취급하지 않기 때문에 일꾼들은 결국 다른 회사 보험을 들 수밖에 없었다. 그러나 중요한 것은 바로 이것이다. 그것이 무엇이든 그들한테는 존 디어면 좋은 것이다.

미국 농업사회가 전 인구의 2%도 안 되고, 전통적으로 존 디어는 주로 미국 농촌을 대상으로 사업을 하는 회사로 알려진 것을 감안할 때 이것은 좀 이해하기 힘든 상황이다. 그래서 어떤 사람들은 이 회사가 존 디어를 대중 앞에 내세우기 위해 할 수 있는 일은 무엇이든 한다고 생각하기도 하지만 꼭 그렇지만은 않다. 인지도를 높이기 위해 지속적으로 노력하는 여느 회사와 마찬가지로 존 디어도 브랜드 이미지를 높이기 위해 광고, 스폰서십, PR 등을 통해 마케팅에 많은 시간과 노력과 돈을 들인다.

그러나 회사의 뿌리 깊은 보수적 문화 때문에 지나친 판촉은 늘 경계의 대상이었다. 실제로 오랜 세월 초점은 좋은 제품을 만드는 데 두어졌고, 브랜드 판촉은 판매 대리점이나 지역사회 지원 등을 통한 기초적인 수준에서 이루어졌다. 회사는 엄청난 가치를 갖는 브랜드를 조심스럽게 만들어왔다. 일부에서는 이 브랜드 하나만도 수십억 달러의 가치가 있다고 평가한다. PR도 매우 선택적으로 한다. 매스컴과 인터뷰를 할 때도 언제 하느냐, 할 필요가 있느냐를 중역들이 검토하고 많은 경우 명망이 높은 매체만 선택한다. 좀 못한 회사들이 브랜드 네임의 인지도를 높이기 위해 이용하기도 하는 다른 시시한 매체와의 기회는 제쳐놓는 경우도 흔히 있다. 존 디어의 PR 전략은 또 고위층으로 이루어진 팀에서 지휘하고 개인 플레이를 권장하지 않는다. PR 전략은 비즈니스 성과에 아무 도움도 되

존 디어 클래식(John Deere Classic)

지 않는 인터뷰나 매스컴 플레이로 이미지에 손상이 가는 일이 없도록 조심스럽게 접근한다.

그러나 1990년대 초가 되자 보수적인 PR 전략도 점차 커지는 브랜드 파워의 중요성을 무시할 수가 없었다. 회사가 의식적으로 몇 가지 조치를 취한 결과 브랜드 입지는 더욱 강화되었다. 이 조치들도 창사 이래 지켜져 온 핵심 가치와 어긋남이 없는지 염두에 두고 취해졌다.

예컨대, 쿼드 시티 지역에서 20년 넘게 개최되어 왔으면서도 확실한 스폰서를 잡지 못해 고전하고 있는 PGA 프로 골프 토너먼트가 그것이었다. 토너먼트 관계자들이 존 디어와 접촉하기로 했다. 회사가 이런 이벤트를 후원함으로써 얻는 광고효과가 대단한 것은 사실이지만 그것만으로는 충분치 않았다. 존 디어는 PGA 투어의 공식 골프 코스 장비 공급업체가 되는 계획을 기안했다. 그렇게 되면 골프 및 잔디 장비의 판매가 사상 최대를 기록할 것이라는 계산이었다. 회사 내의 이벤트 매니저들도 토너먼트 주간 동안 고객과 딜러 관계도 돈독히 확립할 수 있을 것으로 전망했다. 그 다음에 만들어진 계획은 존 디어가 어떻게 하면 이 토너먼트 수익금을 지역사회 자선단체에 더 많이 기부할 수 있는가였다. 이 모든 것을 종합해 사업계획이 서고, '존 디어 클래식John Deere Classic' 이 탄생하게 된 것이다.

전 세계적으로 중계된 이 행사로 존 디어 브랜드는 더욱 널리 알려졌고, 회사는 지역사회 인구당 계산했을 때 PGA 투어 중 자선기금 모금 규모에서 첫 번째 자리를 차지하게 되었다.

브랜드를 알릴 또 다른 기회는 1990년대 존 디어가 미국 자동차 경주 메이저 리그인 'NASCAR의 윈스턴 컵 시리즈'를 후원했을 때였다. 그러나 이번에도 브랜드 PR 결정은 비즈니스 목적을 염두에 두고 취해졌다. NASCAR 팬들의 구성은 존 디어 장비를 구입하는 사람들과 거의 완벽하게 맞아떨어졌다. 다시 한 번 브랜드 기회를 비즈니스 목적과 연계시킨 것이다. 그러나 결국에는 경주에 드는 비용이 존 디어가 NASCAR 스폰서로 진입하는데 장애가 되었다. 비즈니스 결과가 브랜드 알리기에 드는 비용을 넘어서지 못할 경우 존 디어 리더들은 재빨리 더 나은 투자처를 찾는다.

자동차 경주에서 얻는 것은 개인의 성공에 크게 의존하는데 메이저 골프 토너먼트에서 얻는 광고효과에는 훨씬 못 미치는 것이다. 뿐만 아니라 존 디어는 브랜드 판촉을 위해 어떤 특정 선수에게 돈을 지불하지는 않는다. 대중의 눈에서 언제 사라질지 모르는 개인과 너무 밀접하게 연관되는 것은 위험부담이 있기 때문이다. 같은 이유로 회사는 다른 회사들과 달리 전략적으로 제품을 영화나 TV에 등장시키려고 돈을 쓰지 않는다. 존 디어가 대표하는 가치에 대해 고객이 갖고 있는 좋은 인상을 유지하기 위해 신경을 쓰는 것이다.

브랜드에 대한 충성심과 적극적으로 브랜드를 보호하려는 회사의 의지를 잘 나타내주는 예가 하나 있다. 한 악당에게 존 디어 모자를 씌운 텔레비전 쇼에 관한 얘기다. 악당은 도시를 위협하는 연쇄 폭파범이었다. 그 등장인물이 출연한 지 몇 분도 안돼 존 디어 브랜드 팬 수십 명이 이 쇼에 대해 뭔가 조치를 취해야 하지 않느냐는 이메일을 본부에 보내기 시작했다. 회사는 즉각 방송국에 연락했고, 방송국은 왜 그 폭파범에게 존 디어 모자를 씌워야 했는지 설명하는 대신 다음 편부터 당장 모자를 벗기겠다고 약속했다.

"우리를 미국적인 것으로 비치게 하는 강력한 기반을 우리는 좋아한다." 중역 샘 앨런의 말이다. "핵심 고객을 불편하게 하지 않기 위해 우리는 매우 신경을 쓴다. 우리가 172년 동안 구축해온 것을 무너뜨리지 않기 위해 방어적이 될 수밖에 없다."

짐작컨대 오늘날 시골이 아닌 지역에서도 존 디어 브랜드가 그토록 널리 알려진 것은 어제의 시골 사람들이 도시 지역으로 이주해왔기 때문이 아닌가 싶다. 옛말에도 있듯이 소년에게서 시골을 빼앗을 수는 있어도 시골에서 소년을 빼앗을 수는 없는 것이다.

실제 인구 이동과 관련해서 또 생각할 수 있는 것은 전원적인 것으로 대표되는 좀 더 단순한 라이프스타일을 많은 사람들이 갈구한다는 사실이다. 예컨대 미국 남부에서는 1940년에 대략 10명 중 7명이 농촌 지역에서 살았다. 2000년 인구조사에서는 같은 지방의 10명 중 7명이 도시 지역에 살고 있는 것으로 나타났다. 그들은 전원적 가치, 투박함, 그리고 땅에서 일하는 기계에 대한 자부심 같은 것들을 함께 가지고 왔다. 그들이 트랙터를 필요로 하지 않을지는 몰라도 존 디어에 대한 애정은 농장 밖으로 확대되었다. 회사는 이런 도시 고객들에게 긍정적인 이미지를 심어주기 위해 브랜드나 라이선스 사업으로 그들의 요구에 부응했다. 이 고객들이 존 디어 잔디 트랙터나 게이토 유틸리티 트랙터 아니면 존 디어 조경 제품을 필요로 할지도 모르는 일이다.

CEO 봅 레인은 미국 내에서 가장 급속도로 성장하고 있는 존 디어 제품이 소형 다목적 트랙터인 점을 지적한다.

"많은 사람들이 우리 트랙터를 두고 자신들의 주말용 BMW라고 표현한다. 주중에 일에서 받은 스트레스를 풀기 위해 이 고급 기계를 갖고 흙일을 한다는 것이다."

그들은 대규모 농장주가 아니고, 최고의 브랜드를 살 수 있을 만한 소득이 있는 개인들이다. 사실 회사는 소비자들의 장비 라인에 대한 심층 조사를 했는데, 단독주택을 소유한 많은 사람들이 최고의 브랜드로 알려진 것을 갖는다는 데 대한 자부심 때문에 존 디어 장비를 샀다는 사실이 밝혀졌다.

"우리는 브랜드 이미지를 재창조하려고 하지 않는다." 샘 앨런의 말이다. "한때 우리 브랜드가 유행한다고 해서 의류계약을 맺으려고 쫓아다니지 않는다. 진정한 우리 모습을 지키려고 한다. 세상은 항상 바뀌지만 우리는 언제나 똑같은 가치를 고집하고자 한다."

존 디어에 대한 열정이 점점 더 커짐에도 불구하고 새로운 영역으로 확장할 때는 언제나 똑같은 질문이 되풀이됐다. 그것이 브랜드에 미칠 영향은 무엇인가? 브랜드를 보호하고, 판촉하고, 수익이 있는 것이면 새 프로젝트를 진행했다. 그 세 가지 기준 중 하나라도 부족하면 답은 즉각 "노"였다. 라이선스뿐만 아니라 새 제품 개발에도 똑같은 테스트를 했다.

건설 및 삼림장비 부문에서는 존 디어 브랜드가 초록 바탕에 노란색 로고가 있는 전통적인 제품과 겉모습이 달랐다. 그럼에도 건설 및 삼림장비 브랜드들은 1837년 이래 제조된 모든 존 디어 제품과 일치하는 품질, 가치, 내구성을 기준으로 제조되었다.

브랜드에 합당한 가치가 있느냐를 묻는 테스트는 모든 부문에서 새로운 제품이나 아이디어를 내놓을 때 똑같이 적용된다. 직원들이 회사의 강점과 전통을 대를 이어 전달해야 할 의무를 느끼기 때문이다.

예를 들어 회사는 중국에서 두 개의 조인트 벤처(서로 다른 벤처 회사끼리 협력해 제품을 생산하는 것) 사업을 진행해왔다. 그곳의 어떤 제품도 현재 존 디어 이름을 사용하지 않는다. 왜? 제품이 이제야 간신히 세계 최고의 농기계에 부응하는 품질 수준에 도달하고 있기 때문이다.

중국에서는 이제 그 시장을 존 디어 브랜드에 소개하기 시작하는 과도기에 들어갔다.

"존 디어 사람들은 다음 세대에 뭔가를 남겨주고 싶어 한다." 건설 및 삼림장비 부문 사장 피에르 르로이의 말이다. "그리고 존 디어 브랜드의 힘을 보호함으로써 그 일을 한다. 사람들은 존 디어 브랜드나 혹은 그것이 상징하는 힘을 훼손하고 싶어 하지 않는다. 그래서 모든 결정을 세심하게 검토한다."

은퇴한 CEO 한스 베커러는 임원회의에서 늘 이렇게 말하곤 했다.

"존 디어 브랜드가 이렇게 독특한 위치를 차지하게 되는 데 160년이 걸렸다, 그러나 단기간의 몇 개의 행동이 그것을 하룻밤 사이에 다 파괴해버릴 수 있다."

그것은 지속적인 브랜드의 힘에 대한 경의요, 직원들이 어떤 대가를 치르더라도 그것을 지켜야 한다는 것을 다시 한 번 일깨워주는 다짐이기도 했다.

8

모든 관계는 윈-윈이어야 한다

존 디어에서의 관계는 흔히 오랜 세월 지속되어 가족 같이 느낄 수도 있지만 회사의 리더들이 생각하는 존 디어 환경은 고도의 성과를 추구하는 팀워크이다. 그것이 마음에 들지 않아 떠나는 사람도 있지만 회사는 팀워크로 승리하고자 하는 사람들이 그렇게 할 수 있도록 돕는 문화와 시스템을 만들어주고 있다.

자기 인생에 미친 영향을 얘기할 때 봅 레인은 언제나 가족 얘기로 돌아간다. 그는 워싱턴에서 자랐는데, 매주 금요일 저녁 부모님이 내셔널 지오그래픽 영화 시리즈를 보러 데리고 갔었다. 나중에 청년이 되었을 때 세상을 좀 더 크게 보는 데 그것이 얼마나 도움이 되었는지 기억하고 있다. 어느 대학을 갈 것인가를 의논할 때 부모의 뒤를 이어, 그리고 할아버지의 꿈을 따라 시카고 근처 휘튼 칼리지를 선택한 것도 얘기한다.

고등학교 때 그는 조정선수였지만 휘튼 대학에 조정부가 없었기 때문에 대신 대학에서는 수영을 열심히 하기로 결심했다. 그의 할아버지는 두 세대 전에 시카고로 옮겨와 교사로 일했는데 자식들이 휘튼 대학에 가기를 바랐던 소망 때문이었다. 부모는 휘튼 대학 재학 시절 서로 만났고, 부인 패티도 마찬가지였다. 전형적인 가족 중심 분위기의 작은 마을에 살고 있는 봅과 패티에게는 가족의 중요성이 아직도 그대로 남아 있다. 자녀들은 장성해서 각자의 삶을 살고 있지만 레인 가의 전통은 여전히 그들의 인생을 지배하고 있다.

세 자녀에 관해 얘기할 때 봅 레인은 그들이 인도적인 직업을 선택한 것에 특히 자부심을 갖는다. 딸 크리스틴 역시 휘튼을 다녔고, 워싱턴에서 노숙자보호소의 개발담당 이사로 일하면서 행정학 석사과정을 밟고 있다. 큰 아들 피터는 시카고 대학과 프린스턴 신학교를 나와 필라델피아의 공립학교에서 교사로 일하고 있다. 피터의 아내 에린은 필라델피아에서 사회봉사 석사학위를 받았다. 막내인 존은 몬태나 주립대학을 나와 역시 교사로 일하고 있는데, 아웃도어를 너무나 좋아해 몬태나를 떠날 수 없다고 한다. "그들 네 명이 모두 자랑스럽다"라고 봅 레인은 말했다.

▪▪▪ 회사는 가족이 아니다

그러나 사무실에서 레인은 가족이라는 용어, 그리고 직장 동료를 상대로 했을 때의 그 단어의 용도를 확실히 구분한다. 그의 생각을 말하자 몇몇 직원들은 의아해하는 것 같았다. 뿌리 깊은 문화와 전통 때문에 존 디어는 그동안 안에서나 밖에서나 사람들을 가족이라고 칭해온 회사이기 때문이다. 그들은 이렇게 말했다. "우리는 모두 존 디어 가족의 일부다." 또 회사가 어려울 때는 "존 디어 가족은 견뎌낼 것이다."

물론 많은 회사의 대부분 직원들이 서로에 대한 애정을 갖고 있고, 존 디어에서는 그 애정이 다른 회사들보다 더 깊다. 아마도 여러 세대에 걸쳐 일을 한 가족이 있고, 평균보다 오랜 시간을 동료들과 함께 같은 회사에서 일한 직원들이 있기 때문일지도 모르겠다. 존 디어에서는 유대와 이해가 훨씬 더 깊다. 밥 레인은 그 중에서도 가장 직원들을 아끼고 보살피는 사람으로 알려져 있다. 수천 명 직원의 이름을 외우고, 직원들을 상대로 연설을 할 때도 영어가 모국어가 아닌 직원들도 메시지를 잘 이해할 수 있도록 최소한 세 가지 다른 언어로 이야기한다. 자녀들과 마찬가지로 레인도 확고한 인도적 시각을 갖고 있다. 그러나 그는 회사는 가족이 아니라는 점을 분명히 한다. 회사가 가장 어려운 시기에도 위축되지 않고 번성하기 위해서, 그리하여 궁극적으로 더 많은 것을 가족들에게 제공하기 위해서는 직원들도 그 차이를 알아야만 한다는 것이다.

전 세계 직원들을 상대로 연설을 할 때 레인은 이 문제를 알기 쉬운 설명으로 자주 환기시킨다. 그는 말한다.

"사람들은 존 디어 가족에 대해 애기한다. 그러나 회사는 가족이 아니다. 잘못 알고 있는 것이다. 가족 중에 행동이 바르지 못하거나, 최선을 다하지 않거나, 정직하지 못한 사람이 있더라도 그는 여전히 가족의 일원으로 받아들여질 것이다. 누구에게나 이상한 행동을 하고 제멋대로 구는 '해리 삼촌' 같은 친척 한 명쯤은 있게 마련이다. 그래도 다음 명절이 되면 모두 그를 다시 끼워준다. 이것은 존 디어 방식은 아니다. 우리는 성실성을 갖추고 최고의 성과를 추구하는 팀 멤버를 찾는다. 실수는 있을 수 있다. 그러나 정직과 노력은 모두에게 요구된다. 팀 멤버가 되기를 원하지 않는 사람도 있을 것이다. 그 결정은 본인뿐만 아니라 존 디어에게도 최선의 선택이 될 것이다. 업무성과가 시원찮거나 성실성이 부족함에도 불구하고 가족의 일원이 되고자 한다고 해서 항상 가족으로 받아들여질 수는 없다."

존 디어가 좋은 직장으로 알려져 있으며, 많은 직원들이 오랫동안 일한 것을 봐도 그것은 증명이 된다. 회사는 또 최근 AARP(전미은퇴자협회)에 의해 50인 이상 직장에서 가장 일하기 좋은 직장 중 하나로 뽑히기도 했다. 좋은 직장을 선정하는 다른 상도 많이 받았다.

"높은 업무성과를 갈망하고 여기서 일하고 싶어서 스스로 선택한 사람들도 있다." 레인의 말이다. "기대치는 높지만 성실성이 결정의 핵심을 이룬다는 우리 회사의 환경을 마음에 들어한 사람들도 있다."

책임감을 강조하는 봅 레인은 성과 관리체계를 적극 옹호했다. 대부분의 가족에게서 보기 힘든 성실성의 맹세다. 존 디어에서의 관계는 흔히 오랜 세월 지속되어 가족 같이 느낄 수도 있지만 회사의 리더들이 생각하는 존 디어 환경의 정의는 고도의 성과를 추구하는 팀워크이다. 그것이 마음에 들지 않아 떠나는 사람도 있을 것이다. 그러나 팀워크로 승리하고자 하는 사람들도 있고, 회사는 그 사람들이 그렇게 할 수 있도록 돕는 문화와 시스템을 만들어주고 있다.

▮▮▮ 상호이익이라는 이점

직원들을 포함한 전사적인 관계에서 윈-윈을 추구하는 사업 관행은 존 디어 역사의 초기 시절로까지 거슬러 올라간다. 창업자 존 디어는 공평하게 보상이 돌아가려면 제품이 최고의 품질로만 제조되어야 한다는 것을 알고 있었다. 1800년대 회사가 성장해감에 따라 존 디어는 직원들이 한 일에 대해 공평하게 보상하는 것을 최우선으로 삼았다. 상호이익의 철학은 회사 경영진에 의해 1900년대까지 분명하게 전달돼왔고, 대를 물려 존 디어 경영원칙으로 자리잡았다. 빌 휴잇이 회장이었던 1960년대에 발간된 최초의 초록 회보 시리즈에서는 그것이 경영원칙 지침으로 확고하게 수립되었다. 오늘날도 그 철학은 존 디어의 최우선 철학으로 지속되고 있다. 구글에서 '윈-윈 존 디어win-win John Deere'를 검색하면 수많은 결과를 볼 수 있을 정도다.

봅 레인은 그가 참석하는 거의 모든 회의에서 윈-윈을 얘기한다. 고객이든, 딜러든, 직원이든, 주주든 아니면 납품업체든, 모든 사람들한테 공동의 이익을 위해 일해 줄 것을, 그리하여 관계가 성공적으로 지속될 수 있게 되기를 기대한다는 점을 분명히 밝힌다. 그는 2004년 회사의 개정판 초록 회보가 발간되었을 때도 그 철학을 다시 한 번 강조했다. 윈-윈이 아니고는 그 어떤 비즈니스도 지속될 수 없음을 환기시키면서.

■■■ 장기적인 관계

존 디어의 철학은 고객이든 공급업자든 아니면 주주든 모든 관계를 75년 또는 그 이상 지속하는 쪽으로 접근하는 것이다. 그렇게 큰 숫자를 측정수단으로 삼는 것이 처음에는 이상하게 들린다. 오늘날 10년을 버티는 비즈니스 관계를 찾아보기 힘든 데 하물며 75년이라니. 많은 고객과 딜러와 직원들이 회사와 두 세대, 세 세대, 때로는 네 세대 동안이나 관계를 맺고 있는 가족 출신인 존 디어에서는 이상한 일이 아니다.

75년 이상 지속하는 관계를 모색하다보니 존 디어 직원들은 윈-윈 해결책을 찾기 위해 열심히 일하지 않을 수 없다. 왜냐하면 봅 레인이 지적했듯이 공동의 이익이 없다면 어느 한 쪽이 조만간 관계에서 떨어져 나가게 되기 때문이다. 그것이 바로 정확하게 존 디어가 회사의 제품 못지않게 위대한 사업을 이루자는 이니셔티브(목표 달성을 위한 전략적이고 실천적인 프로그램)를 도입한 이유이다. 많은 투자자들의 관계는 단기적이다. 투자자들은 주가가 낮을 때 사서 오르면 팔기 위해 주식을 사기 때문이다. 레인은 이것이 윈-윈 전략으로 접근하지 않는 한 분야라고 강하게 믿었다.

"존 디어는 제품과 서비스 면에서 대단히 훌륭한 회사이고, 직원들에게는 일하기 아주 좋은 회사이다. 그러나 그것과 비교할 때 투자를 하기에는 그렇게 좋은 회사가 아니었다. 주주들이 지속적으로 좋은 것만 경험하지 못했기 때문이다. 회사를 위해서뿐만 아니라 주주들을 위해서도 그것은 윈-윈이어야 한다. 딜러, 고객, 그리고 납품업체에 윈-윈이어야 하는 것과 꼭 마찬가지다."

▊▊▊ 업무 시스템

1990년대 말, 존 디어는 제조 과정을 재정비했다. 새로운 방식의 납품 시스템을 구축함에 있어 윈-윈 솔루션은 가장 중요한 요인으로 채택되었다. 위스콘신주 호리콘에 있는 존 디어 호리콘 워크스에는 기대했던 것보다 훨씬 더 큰 골프 코스 페어웨이와 그린 잔디깎이 주문이 밀려들었다. 전국적으로 퍼진 골프장 개발 붐이 시장을 주도하고 있는 존 디어 제품과 맞물린 결과였다. 호리콘 워크스에서 제조된 이 잔디깎이는 베드나이프(정밀하고 날개가 여러 개 달린

절삭기)같은 부품을 사용했는데, 외부의 주요 공급업체들이 제작한 것이었다.

비싼 부품을 창고에 쌓아놓거나 재고가 너무 적어 동이 나는 리스크를 줄이기 위해 존 디어 호리콘 경영진은 제품의 적기 공급이라는 이름으로 공급업자와의 관계 및 의사소통 수단을 향상시킬 필요가 있음을 간파했다. 존 디어는 호리콘 공장을 위해 체계적인 접근방식에 의존한 공급업자 개발 프로그램을 시작했다.

자세한 사례연구를 통해 피터 골든Peter Golden이 쓰고 1999년 7월호 〈IIE 솔루션스(Institute of Industrial Engineers Solutions)〉지에 수록된 이 프로그램에서 존 디어 호리콘 중역들은 베드나이프 제조업체인 피셔 바튼Fisher Barton 같은 공급업자들에게 납품 방식을 분석하고 재조정할 것을 제의했다. 그것은 공급업자로 하여금 장부 및 과정을 공개하고 이윤 같은 민감한 정보를 고객과 공유해야 하는 것을 의미했다.

제조업의 경우 공급업자와 제조업자 사이의 관계는 전 세계적으로 오랜 세월에 걸쳐 불가근 불가원의 관계였다. 서로가 서로를 필요로 하지만 어느 쪽도 자기 이익의 보호라는 명분 아래 너무 많은 정보를 노출하기를 꺼린다. 베드나이프 제조 및 공급과 관련해 존 디어가 비즈니스를 심도 있게 분석하고자 피셔 바튼에 접근했을 때 그 회사 경영진은 매우 회의적이었다.

"사실 좀 걱정이 되었다"고 피셔 바튼의 사장 딕 윌키Dick Wilkey는 말했다. "누구든 파트너 소리를 하면 나는 불안해진다. 결국 우리에게 돈이 드는 일인 줄 알기 때문이다.”

그러나 주기를 타는 시장에서 장비를 수익성 있게 제조하기 위해서는 공급 관리 프로세스를 개선하는 것이 중요하다는 것을 존 디어 경영진은 알고 있었다. 호리콘 경영진은 존 디어 주요 공급업체에 존 디어는 그들이 돈을 벌기를 바라고, 호리콘이 장부와 프로세스를 검토해 공급업체의 생명줄을 조이려는 것이 아님을 설득했다. 공급 관리 솔루션은 윈-윈이 될 것이며, 양자의 관계도 함께 성장하고 번성하는 것이 될 것임을 강조했다.

제품 제조에 필요한 시간을 단축한다는 목표를 달성하기 위해서는 공급업체들이 품질, 비용 효율화, 납기 준수의 기준을 지켜야 한다는 것을 분명히 했다. 존 디어는 전화를 하는 즉시 필요한 양만큼의 추가 부품이 공급되기를 원했다.

피터 골든에 따르면 초기 논의 단계에서 중요한 것은 존 디어가 자신들의 필요만 주장하는 것이 아니라 공급업자의 프로세스도 분석하겠다는 것을 분명히 밝힌 점이었다. 골든은 이렇게 썼다.

존 디어는 피셔 바튼을 ‘존 디어 내의 한 부서처럼’ 취급할 것이며, 대신 피셔 바튼의 신뢰는 ‘진정한 생산성 향상과 개선된 재정 상태로 보상될 것’이라고.

결국 존 디어와 피셔 바튼은 모두 상당한 보상을 받았다. 공급업자의 공급주기는 확실하게 줄어들었고, 호리콘 공장은 ‘주문 후 생산’을 좀 더 효율적인 비용으로 할 수 있게 되었다.

독립적으로 소유된 딜러망은 오랫동안 존 디어의 강점으로 여겨져 왔다. 개인적인 사업이 되다 보니 딜러들은 세일즈맨이자 서비스 에이전트일 뿐만 아니라 세대를 거쳐 충직한 고객들의 지역사회 친구이기도 하다. 존 디어는 제품의 전시, 판매, 서비스에서 지역마다 회사의 얼굴이 되는 딜러들에게 의존한다. 딜러들은 고품질의 제품과 지역적인 혜택을 받음으로써 회사에 의존한다.

존 디어 딜러십은 개념상으로는 자동차 프랜차이즈와 비슷해 보이지만 실제로는 상당히 다르다. 예컨대 고급 콤바인의 값은 25만 달러, 또는 그 이상인데 대규모 농장 운영에 중추적인 역할을 하며 수백만 달러의 수입이 걸려 있는 기계다. 농민이 그렇게 중요한 장비에 그만한 돈을 쓸 때는 현금으로 거래하는 법이 거의 없다. 딜러와 농민은 오랜 관계를 맺고 있는 것이 보통이고, 이미 한동안 콤바인 구매를 놓고 상의를 했을 것이다. 건설사업에서도 마찬가지다. 장비를 팔기 전에 딜러는 장비에 대한 고객의 필요를 속속들이 알고 있어야 한다. 고객의 입장에서 보면 존 디어의 딜러들은 고객과 훨씬 돈독한 관계를 맺고 있다. 제품 라인이 최고의 구매로 간주되기 때문이다.

존 디어로서는 제품과 전국적인 브랜드, 일관된 파이낸싱, 그리고 품질에 대한 약속을 제공한다.

그러나 미국의 전원 풍경이 바뀌면서 존 디어의 사업도 바뀌었다. 딜러십 소유자의 수가 줄어들었고, 한때 농기계만 팔았던 많은

Rotary Mower(잔디깎이)

딜러들이 이제는 존 디어의 인기 있는 소비자 라인들, 우선적으로 존 디어 게이토와 승용 잔디 트랙터도 판다. 이러한 딜러십 진화 과정에서 많은 딜러들이 이제 도시 교외 가까운 곳에 자리잡았고, 농민들만이 아니라 도시 교외의 주택 소유자를 상대한다. 그러나 딜러들이 전원지역에서 도시 교외로 옮기는 변화를 겪은 것과 마찬가지로 소비자들도 진화했다. 그들은 고급 제품을 원하지만 대형 소매점인 홈 디포, 월마트, 로스, 시어즈 같은 곳에서 물건을 사는 경우가 많다.

잔디 트랙터나 비슷한 연장을 대형 소매점에서 사는 고객의 수는 대형 장비 소유주가 이익을 얻을 수 있도록 기계에 대한 전설적인 애프터서비스를 하는 작은 가게의 딜러망과는 비교가 안 되었다.

존 디어는 1990년대 중반, 농업 및 잔디 제품 일부를 홈 디포The Home Depot 매장에서 파는 계획을 검토했다. 고객의 요구에 맞추기 위한 노력이었지만 경영진은 딜러와의 윈-윈 제안이 깨질까봐 두려워

했다. 윈-윈 철학이야말로 보행형 제초기 시장에서 존 디어의 입지를 말해주는 것이었다. 존 디어 소비자 제품 부문은 1년에 6만 대 정도밖에 팔리지 않았음에도 불구하고 보행형 제초기를 계속 생산했다. 규모도 작고 이익도 거의 나지 않는 사업이었지만 딜러들이 경쟁력 유지를 이유로 그 제품을 원했기 때문에 생산을 계속했다.

봅 레인이 회장으로 있는 동안 홈 디포에서 소비자 잔디 트랙터를 판다는 계획이 수면 위로 떠올랐다. 회사 지도층은 늘 그렇듯이 딜러들의 이익 측면에서 그것을 검토했다. 가장 큰 우려는 잔디 트랙터 부문에서 존 디어가 차지하는 시장에서의 위치였다. 존 디어가 대형 할인점에서 당당한 위치를 차지할 것으로 보는 사람은 아무도 없었다. 그런데 조사 결과 재미있는 사실이 밝혀졌다. 소비자들은 잔디 트랙터를 대형 할인점에서 사는 것을 선호한다는 것이었다. 위치나 개점 시간이 편리하다는 이유에서였다. 그러나 서비스 문제에 관한 한 많은 사람들이 여전히 그 정도 값의 물건에 대해 갖는 기대에 부응할 만한 서비스를 지역 딜러가 해줘야 한다고 생각했다.

존 디어는 그렇다면 어떻게 할 것이냐를 의논하기 시작했다. 회사의 첫째 목표는 대형 할인점에 등장하는 것과 동시에 딜러 기반도 강화하는 것이었다. 그것이 성취될 수 있으면 홈 디포 전략은 성공할 것이다. 홈 디포 매장에 전시품을 설치하고 홈 디포에서 팔린 물건의 배달에 대해 딜러들을 보상하는 프로그램에 딜러들을 참여시키자는 아이디어가 나왔다. 또 홈 디포에서 팔지 않는 최고급 제품은 딜러들이 판매권을 갖고, 홈 디포에서 파는 것과 똑같은 제품을 딜러들도 팔 수 있게 하며, 서비스와 미래의 제품 판매를 통해 딜러들이 새로운 사업기회를 가질 수 있게 했다.

존 디어의 또 다른 목표는 새로운 시장점유율 확보였다. 궁극적으로는 새로운 고객과 딜러들을 말하는데 가격에 민감한 소매점 고객들을 유인하기 위해 싼 값의 보급형 승용 잔디깎이를 생산하자는 것이었다. 존 디어의 잔디 제품은 고급품으로 간주되었고, 고객들의 신용도 높았다. 그러나 소비자 제품 분야에서 존 디어의 시장점유율은 떨어지고 있었다. 보급형 승용 잔디 트랙터의 값이 너무 높아(1997년 기초제품 STX38의 소매가가 1,994달러) 딜러들은 24시간 영업하는 대형 할인점과 경쟁하기가 힘들었다. 총 매출이 늘면 보급형 제품의 값을 내리는 것이 정당화될 수 있었다. 존 디어 엔지니어와 제품 기획자들은 생산 원가를 줄이고 홈 디포 매장에서 눈길을 끌 수 있는 제품을 찾아야 하는 도전에 직면했다. 당시 많은 사람들이 그러자면 제품값이 2천 달러 정도가 아니라 1,500달러 이하여야 한다고 믿었다.

가장 가격경쟁력 있는 제품을 만들어내겠다는 엔지니어들의 약속 아래 존 디어 중역들은 2002년 전국의 홈 디포 매장에서 잔디 트랙터를 팔기로 결정을 내렸다. 매주 전국 1,400개의 매장을 훑는 2천2백만 명의 고객을 잡겠다는 기대를 가지고서였다. 존 디어는 하룻밤 사이에 이제까지 한 번도 경험하지 못한 소비자 제품 출시의 성공을 기록했다. 그러나 그것은 이제까지 하던 비즈니스와는 완전히 다른 변화였다. 경영진은 딜러들과의 윈-윈 관계를 유지하는 데 확신이 있었지만 홈 디포 진출이 초기에는 약간의 우려를 불러일으킬 것이라는 점 역시 알고 있었다. 그들은 옳았다. 딜러들은 이 변화에 대해 걱정을 했고, 우려와 두려움, 심지어 회사가 딜러 기반에서 대형 할인점으로 옮겨간다는 생각 때문에 분노까지 드러냈다.

2003년 1월 존 디어가 보급형 제품인 승용 잔디 트랙터 L100을 홈 디포 매장에서 팔기 시작했다. 엄청난 사건이었다. 1837년 창립 이래 존 디어 장비가 전통적인 딜러숍이 아닌 곳에서 팔린 것은 처음 있는 일이었기 때문이다. 많은 존 디어 딜러들은 오랜 세월 회사와 파트너 관계였다. 일부는 두 세대, 세 세대를 걸쳐 파트너이기도 했다. 존 디어가 홈 디포에서 제품을 팔기로 했다고 발표하자 많은 딜러들이 의기소침하고 심하게 불평했다. 그러나 비판은 급속도로 가라앉았다.

대형 할인점의 광고 공세와 많은 딜러들이 쌓아온 고객과의 관계는 놀라운 결과를 불러왔다. 홈 디포에서 트랙터 L100 시리즈를 팔기 시작한 첫 해에 존 디어는 10만 명의 새 고객을 확보했다고 발표했다. 그것만큼 널리 알려지지는 않았지만 잔디 트랙터의 판매는 딜러숍에서도 역시 신장했다. 제품 광고의 개선, 가격 인하, 그리고 존 디어 방식으로 소비자들을 이끈 덕분이었다.

이제 전통적인 존 디어 딜러숍이 문을 닫은 시간인 일요일 밤 홈 디포 매장에 가서 초록색과 노란색의 승용 잔디깎이를 1,500달러

이하에 살 수 있고, 제초제 분무, 파종, 비료 살포 등을 위한 보조 농기자재도 살 수 있다. 월요일에 딜러들은 제품이나 보조 농기자재를 배달하고 구매자에게 자기들이 장비에 대한 서비스를 해준다는 사실을 알려준다.

전 세계 존 디어의 상업 및 소비자 장비 부문의 사장인 존 젠킨스는 이렇게 설명한다.

"홈 디포는 서비스 비즈니스는 하지 않는다. 그들은 대형 할인점이다. 존 디어 딜러들은 서비스 비즈니스를 하는 사람들이고, 세계 수준의 서비스를 제공하는 사람들이다. 이 프로그램은 우리들에게 대단한 경쟁력을 가져다주었다. 소비자들이 원하는 것에 귀 기울였기 때문에 가능했던 일이다."

업계의 일부 애널리스트들에 따르면 이 변화로 존 디어가 획득한 시장점유 신장률은 두 자릿수에 달했는데 1년에 1% 신장하면 대단한 것으로 여겨지는 업계에서는 놀라운 결과라는 것이다.

이 홈 디포 계획이 윈-윈이었음을 모든 관련자들이 알기까지는 오랜 시간이 걸리지 않았다. 존 디어 잔디 트랙터는 홈 디포 매장에서 즉각 히트를 쳤다. 고객들이 쉽게 갈 수 있고, 아무 시간에나 갈 수 있다는 이점을 택했기 때문이다. 홈 디포는 소비자가 사랑하는 대표적인 브랜드의 입점이라는 이점을 얻었다. 젠킨스의 말이다.

"우리는 홈 디포 경험에서 고객들이 항상 우리를 찾아오는 것은 아니라는 사실을 깨달았다. 우리가 고객을 찾아가야 했던 것이다."

존 디어 딜러들도 홈 디포의 엄청난 제품 광고 덕분에 브랜드가 훨씬 더 잘 알려져 큰 이익을 보았다. 그 과정에서 새 고객도 얻었다. 홈 디포 매장에서 가까운 곳에 있는 딜러들이 고객에게 제품을 배달했기 때문이다. 서비스해야 할 제품 수가 늘어났고, 그 지역에 존 디어 딜러가 있는 것을 알지 못했을 수도 있는 새로운 고객과의 관계를 확보할 기회도 생겼던 것이다.

"우려도 참으로 많았다." 존 디어 딜러인 보덴스타이너의 말이다. "우리는 이 기획이 새로운 기회도 많이 창출할 것이라는 걸 알았다. 그래서 '어떻게 하면 이 기획의 덕을 볼 것인가'를 의논하기 시작했다."

보덴스타이너는 자기 가게에서도 소비자 제품 라인에 대해 소매점과 똑같은 판매 절차를 채택했다고 말했다. 가격표의 값에서 절대로 깎아주지 않고 교환판매도 하지 않았다. 판매 제품의 수준을 한 단계 높였고, 대형 할인점의 광고 덕에 전국적으로 제품이 알려져 잔디 트랙터의 판매 신장에 도움이 되었다. 서비스 수입도 마찬가지로 늘었다. 100시리즈 트랙터를 어디에서 샀건 서비스는 존 디어 딜러가 했기 때문이다.

이것은 회사 창립 시절까지 거슬러 올라가는 수많은 예 가운데 하나에 불과하다. 상호이익을 고집해옴으로써 존 디어가 얼마나 윈-윈 원칙의 덕을 보게 되었는지를 설명해주는 예다.

근본의 힘을 바탕으로 성장하라

존 디어는 창사 이래 처음으로 농업 이외의 분야로 다양화하고 성장할 수 있는 기회를 맞았다. 그러나 변화와 함께 배워야 할 교훈도 뒤따랐다. 새 부문들은 좋은 성장과 그렇고 그런 성장 사이의 차이를 찾아가며 일해야 했는데, 그것은 현장에서의 시행착오를 통해서만 결정되기 때문이었다.

이미 성공한 회사의 가장 어렵고 동시에 가장 중요한 도전은 기업에 잘 맞고, 기존의 브랜드를 약화시키는 것이 아니라 강화시키는 성장 방법을 찾는 것이다. 존 디어는 이 도전을 극대화했다. 존 디어의 강점이 매우 독특한 산업에 단단한 기반을 갖고 있기 때문이다. 다른 나라의 농기계 산업을 효율적으로 성장시키는 일은 상당히 어려웠으며, 회사 역사상 그 방법이 회사의 주요 목표와 꼭 맞아떨어지지 않은 때도 있었다.

존 디어에서는 성장은 조심스럽게 검토되어야 한다는 인식이 늘 있어왔다. 1918년 워털루 보이 트랙터 회사를 인수할 때도 그랬고, 1950년대 독일 란츠를 인수할 때도 그랬다. 트랙터 시장에 뛰어든 것과 세계적인 기업으로 확장한 것은 모두 현명한 선택으로 판명났지만 이후 신제품 부문 확장, 그리고 인수 작업은 존 디어에 득이 되지 않은 것도 있었다. 존 디어의 좀 더 독특한 성장 시도의 예로

들 수 있는 것은 스노모빌과 자전거 사업에 잠깐 진출했던 것처럼 작은 것들이다.

처음 자전거 사업을 시작한 것은 1894년 '엄청난 자전거 광기' 가 최고조에 달했던 때였다. 최초의 자전거는 존 디어의 미니애폴리스 지점인 더 디어 앤드 웨버 컴퍼니The Deere and Webber company에서 선보였다. 이 라인은 1990년까지 생산됐으며 디어 리더, 디어 로드스터, 멀린 스페셜 같은 제품들이 포함되었다. 디어 로드스터는 85달러에 팔렸는데 바퀴의 철제 림이 옵션이었다.

레크리에이션 라인을 개척하기 위해 존 디어는 1972년에서 1984년까지 위스콘신주 호리콘에 있는 존 디어 호리콘 워크스에서 스노모빌을 제작했다. 존 디어 스노모빌은 13년에 걸쳐 21개의 모델을 출시했는데 인기도 있었고 품질도 인정받았지만 시장 규모가 너무 작아 어느 날 갑자기 생산을 중단했다. 생산성이 높은 장비에 집중하기 위해서였다.

존 디어가 자전거 판매를 다시 한 번 시도한 것은 스노모빌을 생산하던 때였다. 레크리에이션 라인을 강화하고 미국에 불던 또 다른 '자전거 열풍' 의 이점을 이용하자는 뜻이었다. 1972년에서 1976년 사이 존 디어는 20만 대의 자전거를 팔았지만 그 후 자전거 사업에서 손을 뗐다.

1980년대 농업 불황기에 존 디어는 극심한 직원 감축, 폭락한 주가, 수익 적자 등으로 고통을 겪었다. 예컨대 1986년 존 디어는 53년 만에 처음으로 2억2천9백만 달러의 적자를 기록했다. 1980년

48달러이던 주가는 6년 후 절반 이하인 22달러 44센트로 폭락했다. 직원 수도 1978년 5만9천 명에서 1986년 3만7천 명으로 줄었다. 침체 기간 내내 존 디어는 농기계 산업 부문의 성장을 위한 투자를 계속했고, 그 성장이 실현되지 않자 회사의 어려움은 고비용의 불필요한 확장과 늘어난 재고로 더욱 커졌다. 1980년대 말과 1990년대 초, 경기를 타는 농기계 산업 부문을 넘어 좀 더 근본적인 방법으로 성장과 다양화를 꾀해야 한다는 압력이 그 어느 때보다 커졌다. 그래서 존 디어는 스노모빌과 자전거를 훨씬 넘어선 곳으로 시선을 옮기게 되었다.

▨ 옳은 방향으로의 성장의 중요성

1991년 CEO 한스 베커러는 전통적인 농기계를 생산하지 않는 생산라인을 세계 농기계 부문에서 분리해 별도의 상업 장비 부문을 만들었다. 2년 후 건강 보조와 보험 서비스도 별도의 부문으로 분리시켜 각각 독립적으로 이익과 성장을 책임지도록 했다. 6개의 전략 사업 단위를 가지고 존 디어는 창사 이래 처음으로 농업 이외의 분야로 다양화하고 성장할 수 있는 기회를 맞았다.

그러나 변화와 함께 배워야 할 교훈도 뒤따랐다. 새 부문들은 좋은 성장과 그렇고 그런 성장 사이의 차이를 찾아가며 일해야 했는데, 그것은 현장에서의 시행착오를 통해서만 결정되기 때문이었다. 오랜 세월 존 디어의 크레딧 부문은 탄탄한 부서였는데 주로 장비에 대한 금융 지원으로 고객과 딜러들을 지원해왔다. 존 디어 크레딧John Deere Credit은 고객을 알고 이해하는 데 뛰어났고, 빌려주기의 원칙을 적절히 섞을 줄 알았다. 농업에서 오랫동안 독특한 경험을 쌓아왔기 때문이었다.

1990년대 초, 성장 필요성이 대두되자 크레딧 부문은 그동안 해오던 비즈니스 이외의 기회가 있는지 조사했다. "우리는 이런 질문을 했다. 디어를 위해 했던 일을 다른 회사들을 위해서는 왜 할 수 없는가?" 전에 크레딧 부문을 맡고 있다 은퇴한 수석 부사장 마이크 오어의 말이다.

존 디어는 RV(여가용 차량) 업계의 리더인 코치맨과 모빌홈(자동차 이동주택)을 사는 소비자들에게 소매 금융을 제공하는 것에 대해 의논했다. 코치맨은 RV 산업에서 금융 지원 조건 때문에 애를 먹고 있던 참이라 딜러들에게 소비자 금융에 관한 한 능률적이고 일괄적인 서비스를 할 수 있는 존 디어 크레딧은 매력적이었다. 이제 코치맨 딜러들은 고객들에게 금융 지원을 해주기 위해 여러 은행이나 금융기관을 찾아 돌아다니지 않아도 되었다. 농업에서 자기들 딜러에게 그랬던 것처럼 존 디어 크레딧은 코치맨 딜러들에게 RV 산업에서 똑같은 서비스를 했다. 코치맨 사업의 전망이 너무 좋아 존 디어 크레딧은 아웃보드 마린 코퍼레이션(OMC)과도 비슷한 계약을 해 RV처럼 보트에도 금융 지원을 했다.

그러나 문제가 그렇게 간단하지만은 않았다. 존 디어 크레딧이 이렇게 새로운 사업 분야에 진출한 것은 많은 사람들이 그것이 회사의 강점이라고 믿는 것을 근거로 한 것이었다. 그러나 많은 사람들이 알게 된 것은 농업이나 건설 산업의 강점이 RV나 보트를 잘 아는 것으로 직결되지는 않는다는 사실이었다.

"우리는 그런 다른 산업의 독특한 성격을 너무 과소평가했다." 오어의 말이다. "그것들도 농업 못지않게 독특했다."

가장 큰 문제는 존 디어의 전통적인 제품 품질 때문에 생긴 결과였다. 자사 제품에 돈을 빌려주는 것이 다른 제품에 돈을 빌려주는 것보다 훨씬 쉬웠던 것이다. 존 디어 크레딧이 채무자에게 채권을 행사하기 위한 담보물인 존 디어 트랙터나 콤바인은 설사 중고품이라 할지라도 값이 충분히 나가고 인정을 받는 물건이었다. 게다가 농민들과 존 디어 사이의 관계 때문에 초록색 장비를 찾는 일은 상대적으로 쉬웠다. "99%의 경우 우리는 담보로 설정된 우리 장비를 되찾아와 우리 내부 시스템을 통해 되팔 수 있었다. 그것은 우리가 잘 아는 기계였고, 우리가 끝까지 책임지는 기계였다"라고 오어는 말한다.

RV나 보트의 경우 존 디어 크레딧의 애기는 상관이 없는 것들이었다. 코치맨과 OMC도 좋은 제품을 만들었지만 존 디어가 알지 못하는 장비들이었다. 사태를 더욱 악화시킨 것은 존 디어 크레딧이 소매 회수 시스템을 제대로 갖추고 있지 못하다는 사실이었다. 예컨대 테네시주에서 배를 하나 찾아 수선한다는 것은 거의 불가능한 일이었다. 그러나 궁극적으로 소매 금융으로 영역을 확장한 것이 존 디어 크레딧에 재앙은 아니었다. 약간의 수익을 올리기도 했을 뿐 아니라 더 중요한 것은 크레딧 운영에 있어서 강점과 약점을 알게 되는 값진 교훈을 얻었다는 것이다. 외부 금융지원 사업은 1990년대 후반에 이르러 포기했다.

"우리는 우리의 장점이 무엇인가를 물었다." 오어는 말했다. "우리는 다시 한 번 농업이야말로 우리의 강점이다, 이것이 우리의 경쟁력이라고 말하게 되었다."

존 디어 크레딧이 전통적인 농업 밖으로 확장했을 때 직면한 문제는 1990년대 중반 존 디어 헬스John Deere Health가 전통적인 기반 밖으로 손을 뻗었을 때 직면한 문제와 비슷하다. 존 디어뿐만 아니라 존 디어가 기반을 확보하고 있는 지역사회 다른 회사들의 의료 비용을 잘 관리해온 존 디어 헬스가 농업 부문의 성장이 저조할 때 이런 질문을 하게 되는 것은 너무나 자연스러운 일이다. 존 디어 헬스의 강점을 회사를 위한 성장의 기회로 이용할 수는 없는가? 답은 '예스'였고, 존 디어 헬스는 존 디어 커뮤니티 내의 기존 고객들 외의 다른 고객을 향한 대규모 확장 시도에 착수했다.

존 디어 헬스가 얻은 첫 번째 교훈은, 잘 알고 서로 신뢰하는 파트너들과 존 디어 브랜드 및 회사의 핵심 가치를 잘 아는 커뮤니티에서 회사가 번성했다는 사실이었다. 존 디어가 진출해 있는 지역이나 주 이외의 곳으로 확장하는 것은 기존의 것과는 다른 규칙이나 태도와 맞서야 하는 것을 의미했다. 1997년 존 디어 헬스는 큰 손실을 입었고, 출발 이래 해마다 이익을 내온 조직에게 그것은 충격이었다. 결국 존 디어 헬스는 그 지역에서 철수했고, 이제는 4개 주에서만 운영한다. 회사가 직원을 많이 고용하고 있거나 양측에 모두 도움이 되는 매우 돈독한 관계가 있는 주들이다.

1994년 존 디어는 홈라이트를 인수했는데 이 역시 사업 다각화의 한 방편으로 여겨졌다. 홈라이트는 제초기, 줄톱, 제설기 등 손에 들고 사용하는 야외용 파워 장비 일체를 생산하는 제조업체로 존 디어의 사업이나 마케팅 강점을 살릴 적절한 보완책으로 보였다. 존 디어도 자체 브랜드의 손에 들고 사용하는 고급 기기들을 갖고 있지만 홈라이트는 소비자시장에 진입할 수 있는 기회를 제공할 것이었다. 그러나 홈라이트는 잘 알려진 회사이긴 해도 존 디어에게 그리 도움이 되지 못했다. 브랜드 파워가 존 디어만큼 강력하지 못했기 때문이다.

자기 브랜드보다 못한 브랜드를 운영하는 것은 존 디어에 아무런 득이 되지 못했다. 따라서 기존 사업을 인수하는 것이 합리적인 방향으로 여겨졌어도 실제로는 존 디어 운영과 브랜드에 장애가 되었고, 결과는 시작부터 거의 재앙에 가까웠다. 존 디어는 홈라이트로 한 푼도 벌지 못했고, 수백만 달러의 손실을 본 후 2001년 마침내 회사를 팔아치웠다. 밥 레인의 말이다.

"홈라이트 인수는 우리가 진출하지 못했던 시장으로 진출하기 위해서였다. 그러나 최대의 노력을 했음에도 수익성 있게 운영하지 못했다. 따라서 새롭게 성과를 강조하는 시점에 자본비용을 포함, 경비에 비해 결과가 충분치 못하면 그만둘 수밖에 없었다."

존 디어가 홈라이트나 존 디어 헬스와 존 디어 크레딧 신장계획을 쉽게 접을 수 있었던 것은 아니다. 그 회사의 문화는 약속에 기초하고 있었고, 그 때문에 오히려 잘못된 방향인 줄 알면서도 너무 오랫동안 발을 빼지 못했을 수도 있다. 회사는 모든 관계를 장기적인 관점에서 유지하는데, 그것은 방향 전환이 저항을 받는 경우가 많다는 것을 의미한다. 언제나 나오는 질문은 이런 것들이다.

1. 사람들은 어떻게 되는가?
2. 이 일이 잘 되게 할 수는 없을까?

그러나 성장도 중요하지만 성장의 방향도 그에 못지않게 중요하다는 것을 알게 됐고, 성장하는 동안 존 디어가 경쟁력을 확보하고 있거나 확보할 수 있다고 믿는 방향으로 집중하기로 했다. 그 결과 고객의 생산성을 향상시키는 데 초점을 맞추고, 존 디어의 강점과 전문성이 확실한 경쟁력을 제공하는 기회만 추구함으로써 회사는 오늘날 세계적 장비 제조업체로서의 탁월한 지위에 좀 더 보완적인 방법으로 성장할 수 있게 되었다. 존 디어는 더욱 핵심을 고집하고 확고한 브랜드의 강점을 기반으로 성장하며 계속 변화하는 고객의 기반에 맞춰 성장한다.

원래 잔디 및 정원 부문으로 불렸던 존 디어 상업 및 소비자 장비 부문은 농장에서 일하는 고객들을 서비스하다 생긴 파생물로 시작했다. 존 디어는 수십 년 동안 농기계의 세계적인 공급자였는데 합병으로 수가 줄어드는 대신 좀 더 크고 생산성이 높은 장비를 필요로 하게 된 농기계 산업의 변화에 잘 적응해왔다. 그러나 북미지역이 도시화함에 따라 땅에서 일하는 그들의 전통도 도시 교외 지역

으로 옮겨갔다. 잔디밭은 그 어
느 때보다 커졌고, 많은 가정이
작은 정원을 갖게 되었다. 일부
는 도시 한복판에서도 정원을
가꾸었다. 그리하여 농업 인구
는 전체 인구의 2%도 안 되지만
실제로 땅과 관련한 일을 하는
수는 점차 증가하고 있다. 단지
규모가 더 작아지고 비상업적이
되었을 뿐이다.

ATV(All Terrian Vehicle)

상업 장비 부문은 이런 경향에서 계속 기회가 있음을 보았다.
2003년 존 디어는 전천후 지형 차량(ATV)을 선보였는데 여가용 자동
차가 목적이 아니었다. 고객 조사에 따르면 이미 성공한 다목적 차
량 라인에 작업용 ATV를 추가할 필요가 있었다.

존 디어 크레딧에게는 이런 변화는 기존의 이미 성장하고 있는
고객을 토대로 한 새로운 기회를 통한 성장을 의미했다. 회사는 이
제 농민들에게 장비 대여만이 아니라 완벽한 금융 지원 조건을 제
공하고 있다. 농민들이 여러 각도에서 운영의 일관화를 추구하기
때문이다. 작물에 대한 금융 지원은 물론 트랙터에 대한 금융 지원
보다 훨씬 복잡하다. 그러나 존 디어 크레딧은 농민들과 여러 세대
에 걸친 경험이 있고, 장점과 경향을 이해하기 때문에 10여 개 나라
에서 복합적인 금융 지원 서비스를 제공하고 있다. 그리고 존 디어

가 소비자 제품의 품목과 기반을 넓혀감에 따라 존 디어 크레딧도 보트나 RV 업계에 제공했던 것의 수천 배도 더 되는 자연스러운 기회를 맞게 된 것이다.

■■■ 땅에서 일하는 사람들에게 봉사하기

땅과 거기서 일하는 사람들을 파악하는 것이 존 디어가 새 기회를 고려함에 있어 첫째 기준이 된다. 실제로 멋쟁이 존 디어 자전거가 시장에 나와 있지만 그것은 라이선스 제품이고 존 디어가 직접 제조한 것이 아니다. 자전거 같은 제품은 브랜드 인지도를 높이는 데 도움이 된다. 비즈니스를 키우기 위한 노력은 훨씬 더 힘든 것이다.

존 디어 골프 및 잔디 그룹은 골프 코스 운영에 필요한 상품 일체를 생산하는데 페어웨이, 러프, 그린의 잔디깎이에서부터 벙커용 쇠스랑, 통풍기, 코스의 쓰레기를 치우기 위해 특별 고안된 장비에 이르기까지 최고급품을 생산한다. 1997년 존 디어가 스폰서한 PGA 투어 이벤트는 존 디어를 전국에 있는 토너먼트 플레이어 클럽(TPC) 코스의 공식 골프 코스 장비 공급업체로 선정되도록 했다. 골프 코스 장비 및 솔루션에 관한 한 최고의 공급업자로 입지를 굳힌 것이다. 최근 전기로 작동하는 하이브리드 그린 풀깎이를 선보임으로써 존 디어는 오늘날 골프업계의 혁신자로 알려졌다. 골프 코스에서는 소음이 흔히 문제가 되는데, 이 기계는 소음이 문제될 때는 전기로 작동하고, 경기 시간이 지난 후에는 가솔린으로 작동한다. 더 중요한 것은 초정밀 전자장치를 사용함으로써 과거의 모델보다 유압액이 새나올 수 있는 곳을 100군데 이상 없앴다는 점이다. 골프 코스 관리자들에게는 잘 가꿔놓은 그린을 장비가 망쳐놓는 것이 가장 골치 아픈 문제였는데 그것을 해결해준 것이다. 이 제품은 출시하자마자 공전의 히트를 쳤고, 골프 코스 관리자들에게 대단한 인기를 얻었다.

흔히 성장은 진화와 함께 온다고 중역 샘 앨런은 말한다. "우리는 우리의 가치에 맞게 성장하기를 바라며, 그것이 점진적으로 진행되기 바란다. 예컨대 잔디 용품에서 처음에 우리는 고급 잔디깎이를 만들다가 이제 정밀 골프 코스 관리 장비까지 만든다. 엔지니어링과 제품 디자인에서 배운 교훈의 이점을 살린 결과다."

존 디어에게는 현재의 고객, 또는 현재의 고객과 같은 인구 분포 속에 중장비 이외의 분야에서 많은 성장 기회가 있다. 회사 총 수입의 4분의 3이 장비 판매에서 나오는 데 반해 장비 구매에 드는 돈은 평균적으로 농장이나 일터나 가정에서 1달러당 몇 센트에 불과하기 때문이다. 존 디어는 신뢰받는 이름이기 때문에 새로운 기회는 무궁무진하다. 가장 두드러진 예가 존 디어 조경회사다. 완전한 회사로 운영하기 시작한 지 한 해 만에 이 회사는 4억 달러의 총 수입을 올렸다.

조경 부문은 2001년에 회사가 기존의 조경 도매업자 맥기니스 팜스McGinnis Farms를 인수하면서 시작됐다. 이 부문은 관개용품 등에 전문인 다른 회사들을 인수하면서 급격히 성장해 미국 최대의 도매 업체가 되었다. 미국의 39개 주와 캐나다 온타리오주에 200개 넘는 지사를 갖고 있다. 도매업체로 활동하면서 존 디어 조경회사는 조경업자들과 개인적인 관계를 맺어 장식용 묘목과 조경용 야외등을 포함한 일체의 조경 및 관개용품을 공급한다. 수익성이 좋고 계속 성장하면서 존 디어에 장비, 금융, 서비스 및 부품에서 다양한 교차 판매 기회를 만들어주고 있다. 예컨대 존 디어 크레딧은 파트너 조경업자에게 작업비용을 위해 소비자 론을 알선해주기도 한다. 봅 레인의 말이다.

"존 디어 조경은 고객들에게 더 나은 서비스와 가치를 제공하기 위해 우리가 어떻게 우리 경쟁력을 새로운 방법으로 사용할 수 있는지 잘 보여준다."

존 디어의 현존하는 최대 부문들도 땅에서 일하는 고객들에게 봉사한다는 계획을 고수함으로써 성장을 계속하고 있다. 건설장비 산업에서는 캐터필러가 가장 탁월한 브랜드이고, 존 디어의 입지는 약간 떨어진다. 그러나 존 디어는 존 디어 품질과 고객에 대한 가치 전달에 힘입어 건설장비 부문에서도 성장하고 있다. 한때 400명에 달했던 딜러들을 의도적으로 50여 명으로 통합함으로써 건설 및 삼림장비 사업의 서비스 및 지원 측면을 합리화했다. 통합을 통해 가장 실적이 좋은 딜러들만 남겨 그들을 기준으로 특징적인 프로세스를 시행할 수 있게 되었다. 딜러들로 하여금 고객들에 대해 더 잘 알 수 있도록 도와주는 프로세스다.

건설 및 삼림장비 부문은 농기계 부문의 일부 최고 품질을 조심스럽게 건설 장비에 접목시키고 있었다. 다른 라인의 장점을 극대화하고 완벽한 존 디어 경험을 제공하기 위해서였다. 존 디어의 건설 및 삼림장비가 초록색이 아니고 노란색인 이유는 회사가 처음에 건설 및 삼림장비를 농기계와 구별하고 싶어 했기 때문이다. 그러나 오늘날은 한 라인의 디자인과 제품 개발이 다른 라인에 이득을 가져다 줄 수 있다.

농기계 부문이 농민들의 일하는 방법을 바꿔놓았듯이 건설 부문도 건설업자들이 일하는 방법을 바꿔놓으려 하고 있다. 존 디어의 청사진에 들어있는 한 가지 원형은 '바이슨Bison' 이다. 현장에 바퀴 자국을 남기고 속도도 빠르지 않은 전통적인 불도저의 대안으로 개발된 장비다. 바이슨은 존 디어 수확기와 최고급 트랙터에 사용된 유명한 조종칸을 그대로 쓴다. 청사진에 들어있는 또 다른 제품은 '스윙 스티어 굴착기swing steer backhoe' 인데 운전자에게 작업장에서 훨씬 큰 폭으로 순환할 수 있는 융통성을 부여한다.

존 디어가 이 건설 장비의 원형을 제작할 것인지는 두고 봐야겠지만 이 부문 사장인 피에르 르로이는 이런 제품의 개발이 회사가 고객들의 요구를 충족시키고 생산성, 가동시간, 저비용 작동이라는 가치의 약속을 지키기 위해 얼마나 노력하는지를 보여준다고 말한다.

땅에서 작업하는 농민의 숫자 면에서 볼 때 북미에서 농업은 축소되는 것으로 보일지도 모른다. 그러나 존 디어의 성장 기회는 세계적으로 식량 생산의 필요가 급격히 증가하고 있기 때문에 오히려 더 늘어나고 있다.

식량 소비를 부추기는 요소는 부(富)다. 사람들이 갖고 있는 돈의 양은 그들이 얼마나 많이 먹느냐, 그리고 어떤 종류의 음식을 먹느냐와 직접적으로 연관된다. 예를 들어 부유층은 빈곤층보다 훨씬 더 많은 돼지고기를 소비한다. 돼지고기 1파운드를 만드는 데 5파운드의 곡물이 필요하다면 브라질이나 중국 같은 신흥 경제대국에서처럼 곡물의 소비는 급격하게 증가한다.

"농업은 확실하다." 유럽, 아프리카, 중동 및 남미의 영농 부문 사장인 데이비드 에버릿David Everitt은 말했다. "사람들은 먹어야만 하고, 더 많이 먹을 것이다. 우리는 성장이 진행될 곳에 입지를 구축해야 한다."

브라질에선 농업이 가장 뜨거운 시장이고, 존 디어는 그 시장에서 성장하기 위한 입지를 구축하고 있다. 1979년 브라질에 파트너십으로 진출했고, 자체 공장에서 자체 브랜드 네임으로 제조하기 시작한 것은 1999년부터였다. 2004년 존 디어는 시장 점유율을 높이기 위해 브라질 몬테네그로에 500명을 고용하는 새 트랙터 공장을 짓는다고 발표했다. 1966년 브라질에서 콤바인 판매 대수는 다 합해서 고작 3대에 불과했다. 오늘날 콤바인 판매는 거의 7천 대에 육박하고, 실제로 해마다 전국의 수천 에이커의 평원이 농경지로 바뀌고 있기 때문에 그것도 시작에 불과하다.

존 디어의 최대 시장인 북미와 유럽에서도 식량 수요는 증가하고 있다. 에탄올이나 바이오디젤 연료 생산처럼 미래에는 곡물이 식량

외적으로도 사용될 것이라는 전망도 있다. 사용할 수 있는 땅의 이용 가능성, 그리고 더 중요한 수자원 확보 같은 것들이 중요한 요인이지만 존 디어는 다음 4반세기 동안 세계 농업시장에서의 성장을 예측하고 농기계 부문에서 세계적 리더로서의 위치를 유지하기 위한 준비를 하고 있다.

게다가 마력에 기초한 장비 이외의 장비에도 솔루션을 제공함으로써 농산물 생산업자와의 관계를 확대해나가고 있다. 트랙터와 콤바인에 오토트랙 정밀 운전 시스템 같은 하이테크 솔루션을 제공함으로써 실제로 농민들의 인력 확보 문제를 도와주고 있다. 전에는 밭에서 정확한 선을 따라 장비를 운전하는 운전자들을 찾기가 어려웠다. 그리고 농민들에게 환경 정보를 제공하고 크레딧에 관한 도움도 줌으로써 생산에 있어 좀 더 큰 역할을 하고 있는 것이다.

"우리의 DNA는 우리가 농민들에게 트랙터나 콤바인처럼 보여야 한다고 말한다." 존 디어 사장 마클리의 말이다. "그러나 제품은 일부분일 뿐이다. 우리는 경작지를 넘어서서 우리 고객의 비즈니스를 이해하려고 노력한다."

더 높은 생산성, 혁신, 운전의 안락함 등을 제공하기 위해 앞으로 달려가는 동안 고객이 과연 그 값을 지불할 수 있는가 하는 문제는 존 디어에게 끊임없는 도전으로 남는다. 불황으로 시장이 새로운 장비의 값을 지불할 의사도, 능력도 없었던 1980년대 농기계 업계는 고통스러운 교훈을 얻었다. 그럼에도 불구하고 개선과 혁신에 대한 요구는 절대로 사라지지 않는다.

최근 몇 년 동안 존 디어 고객들은 저금리 덕에 장비값이 오르지 않아 많은 혜택을 입었다. 예컨대 1997년 8000시리즈 존 디어 트랙터의 연 불입금은 18,624달러였는데 신종 8000시리즈 트랙터의 2003년 연 불입금은 19,221달러였다. 같은 기간 제품의 가격이 16% 상승했음에도 불구하고 말이다. 저금리로 소비자들은 같은 기종의 좀 더 개선된 제품을 고작 3% 더 주고 사게 된 것이다.

철판가격 같은 외적 가격요소는 조정할 수 없는 것이지만 개발에 관한 한 존 디어는 더 높은 생산성을 제공함으로써 비싼 장비에 대한 투자를 좀 더 가치 있게 만들고 있다. 고급 농기계가 성장 발전하려면 농업의 총 비용을 줄여주는 혁신에 더욱 치중해야 할 것이다. 정밀하게 수확을 하는, 운전자가 필요 없는 콤바인의 곡물통이 거의 차면 운전자 없는 트럭을 호출해 쉬지 않고 연속해서 하역까지 할 수 있는 기계를 이야기한다면 단지 농민들의 꿈같은 얘기로만 여길지도 모른다.

그러나 존 디어는 이미 앞선 개념을 하나 내놓았다. 정밀한 GPS 기술로 정확하게 들판을 횡단해 다니는 운전자 없는 트랙터가 그것이다. 적기에 적절한 제품을 출시한다는 목표를 추구해온 회사로서 소비자들에게 그것을 현실화시켜 주고, 성장을 위한 또 하나의 기회를 창출하는 것은 그리 먼 미래의 일이 아닐지도 모른다.

지속되는 성과

존 디어가 더 많은 제품과 서비스와 세계로의 확장을 통해 정상에 오르고 성장을 계속하는 동안에도 회사의 핵심가치는 그대로 유지했다. 새로운 방향을 허락할 때도 기초를 변화시키는 것이 아니라 위에 덧쌓는 것이어야 했다.

　존 디어가 위대한 회사라는 데 이의를 제기할 사람은 별로 없을 것이다. 땅에서 일하는 사람들을 위해 그들의 일과 생활을 좀 더 쉽고 즐겁게 만들어주는 제품과 서비스를 제공함으로써 존 디어는 불경기, 불황, 주기를 타는 사업임에도 불구하고 170년에 가까운 세월을 고객에 봉사하며 성장해왔다.

　그러나 성공의 비밀을 찾는 것은 대표적인 제품 하나를 찾아내는 것이나 고객에 초점을 맞추는 것처럼 그렇게 쉬운 일은 아니다. 존 디어를 세계 유수의 회사로 만드는 특질은 창업 초기로까지 거슬러 올라가며, 오랜 세월 축적되어 나무의 나이테처럼 켜를 쌓아온 것이다. 새로운 것은 옛 것의 힘 위에 세워졌고, 그 결과 회사는 172년의 비즈니스 역사상 그 어느 때보다 더 높이 우뚝 서게 된 것이다.

　초기에는 대부분 생산성이 초점이었다. 대장장이 존 디어는 농민들의 얘기를 듣고 그들과 대화하면서 그들이 필요로 하는 것을 알아내고, 해결책을 찾았다. 그의 최초의 제품인 자동 흙털이 쟁기는 최고의 기능성을 자랑했는데 당시 밭에서의 일을 좀 더 효율적으로, 그리고 짧은 시간에 하기 위해 중서부 농민들이 필요로 한 바로 그런 제품이었다.

1800년대 초중반 미국에는 쟁기를 만드는 큰 회사가 수십 개나 있었다. 그리고 또 한 사람의 중서부인(밥 레인의 먼 친척)은 스스로 발명한 철제 쟁기의 실험까지 하고 있었다. 그러나 제품과 새로 만든 회사에 가치를 정착시키겠다는 존 디어의 개인적인 약속은 그의 회사가 성장하고 계속해서 고객에 봉사할 수 있는 기초를 만들어 주었다.

창립자 존 디어가 은퇴하고 그의 뒤를 이은 아들 찰스 디어는 1800년대 후반 소규모의 가족 회사를 전국적인 수백만 달러 규모의 회사로 전환시켰는데, 비즈니스에 관한 원래의 핵심 가치는 그대로 지켰다. 회사의 제품 영역은 원래의 철제 쟁기를 훨씬 넘어섰지만 그래도 여전히 생산성이 가장 중시되었고 품질, 혁신, 성실성 그리고 약속이라는 창립 이념은 더욱 강화되었다.

그러나 회사가 미시시피강의 베이스를 넘어 확장되면서 분산화된 지사를 만들고 캔자스시티에서 샌프란시스코에 이르기까지 디어 앤드 컴퍼니 이름으로 제품을 팔게 되자 비즈니스에 대한 초점은 제품에 대한 초점과 평행선을 이루게 되었다.

계속 성장하던 농기구 제조업체는 1918년 워털루 보이 트랙터 회사를 인수함으로써 획기적인 변화를 겪게 된다. 트랙터 제조업체로서 존 디어의 비즈니스는 급격히 신장해 수천 명의 새 고객을 얻었을 뿐 아니라 제품의 품질, 신뢰도 및 서비스에 대한 지속적인 약속을 실천함으로써 많은 사람들에게서 존경을 받았다. 여전히 생산성이 가장 중요시되었지만 회사는 당시의 수많은 농기계 제조업체들 사이에서 리더로 부상했다. 창립자 존 디어의 가치에 뿌리박은 굳건한 기초의 힘 덕이었다.

1900년대 중반까지도 창립자의 가족이 아직 회사 경영에 관여하고 있었고, 고품질의 제품을 생산하고 끝까지 책임을 진다는 전통은 공장, 딜러, 그리고 중역진 사무실에서 확실히 자리잡았다. 그러나 창립 이래 비즈니스를 더욱 강조하고 트랙터 생산을 추가하는 등 변화를 추구해온 것과 마찬가지로 회사를 성공의 길로 인도한 또 다른 변화가 1950년대 후반과 1960년대 초에 발생한다. 가장 획기적인 변화는 농민들의 열정과 욕구를 인식하고 그들의 다목적 요구에 부응함으로써 존 디어를 경쟁자들로부터 차별화하고 현대적 영농의 태동에 불을 당겼다는 점이다.

▪▪▪ 자부심과 생산성의 중요성

1960년대 미국 농가는 물론 전형적으로 단순했고 취향이나 움직임과는 거리가 멀었으며, 도시의 유행을 따라가는 것도 커뮤니케이션이나 자원의 한계 때문에 불가능한 그런 곳이었다. 많은 시골 지역에 아직 전기가 들어오지 않았고, 전화도 공동 라인이어서 이웃들이 서로의 전화를 받아주어야 했다. 텔레비전은 채널이 한 개뿐이었고 화면은 흐렸으며 귀를 쫑긋 세우고 들어야 하는 기계였다. 아이들은 수확기면 밭일을 거들기 위해 학교에 결석하는 것이 허락되었다. 고급 물건의 쇼핑은 대도시에 한정되었고, 비포장도로는 예외가 아니라 당연한 것이었다.

따라서 1960년에 농촌에 놀라운 디자인과 과감한 새 동력 트랙터를 소개한다는 빌 휴잇과 존 디어의 결정은 누가 뭐라 해도 선구적인 일이었다. 도시적인 스타일과 안락함을 전원적인 힘과 독특하게 조화시킨 뉴 제너레이션 파워 트랙터로 존 디어는 농민들에게 생산성에다 자부심을 추가해준 최초의 회사가 되었다. 그리고 그것을 이 세상에 드러낸 방법 역시 변화 그 자체 못지않게 중요했다. 거대한 초록색에 다이아몬드를 박은 존 디어 트랙터가 니먼 마커스 백화점 보석 카운터 바로 옆에서 그 모습을 드러낸 것이다. 당시로서는 상상을 초월하는 기발한 아이디어였고, 믿을 수 없는 성공을 거뒀다.

그것이 존 디어의 모든 것을 바꿔놓았다. 회사의 명성이 품질과 신뢰도를 훨씬 넘어선 것이다. 그 결과 존 디어는 급속도로 빠르게 농기계 부문에서 세계적 리더가 되었다. 동시에 새 본부 건물로 이사도 했다. 존 디어의 광범한, 시대적 임무를 반영한 건물이었다. 건물은 작은 중서부 가정에 대한 회사의 약속을 강화했다. 그것은 또 미시시피 강둑 훨씬 너머까지 미치는 비전을 드러내고 있었다.

그러나 존 디어가 더 많은 제품과 서비스와 세계로의 확장을 통해 정상에 오르고 성장을 계속하는 동안에도 회사의 핵심가치는 그대로 유지했다. 새로운 방향을 허락할 때도 기초를 변화시키는 것이 아니라 위에 덧쌓는 것이어야 했다. 회사와 딜러망은 계속해서 고객과의 관계와 서비스에 초점을 맞췄다. 리더십의 일관성과 경영 방식의 전수도 그대로 유지되었다. 직원들도 올바른 방식으로 비즈니스를 하는 문화를 만들어나갔다. 생산성은 여전히, 어쩌면 전보다 더 중요시되었다. 그러나 자부심도 중요했다. 특히 고객의 자부심은 더욱 더 그러했다.

그 결과 회사와 그 제품은 20세기 후반에 품질과 가치에서 우상 같은 상징이 되었다. 브랜드는 제품의 위대함에 관한 모든 것을 의미했고, 제품은 브랜드의 위대함에 관한 모든 것을 의미했다. 아니, 오랜 고객 한 명이 설명했듯이 자부심과 생산성을 제공함으로써 존 디어 장비는 농민들의 BMW가 되었고, 모두가 시샘하는 최고의 농기계가 되었다.

그러나 사업은 제품과 브랜드가 그리는 지속적인 상승곡선을 그리지 못했다. 주기를 타는 장비 산업의 특성 때문이었다. 어떤 해는 엄청나게 좋았고, 어떤 해는 형편없었다. 제품은 지속적으로 향상됐고, 브랜드도 계속해서 성장했다. 핵심가치는 유지되었지만 결산서는 축제일 때도 있었고, 기근일 때도 있었다.

예컨대 1970년대는 대단히 좋았다. 고용은 붐을 이루었고, 제품의 판매는 기록적이었으며 수익도 좋았다. 그러나 1980년대는 끔찍

했다. 축소의 고통은 엄청났고, 살아남기 위해 싸워야만 했다. 1990년대는 보상도 있었지만 스트레스도 심했다. 구조조정으로 중반에는 성장했지만 1998년에 다시 불황이 찾아왔다. 그 외중에 투자자들은 하향국면에서 주식을 샀다 상승국면이 되자 더 나은 매입 시기를 기다리며 팔았다. 직원들은 좋은 시절을 즐기는 법과 나쁜 시절을 견디는 법을 배웠다. 장비제조업에서 사업의 불안정성은 피할 수 없는 현상임을 받아들였다.

■■■ 제품 못지않게 위대한 비즈니스 만들기

2000년 봅 레인이 회장 겸 CEO가 되었을 때 존 디어는 아직 하향주기의 힘든 국면에서 허덕이고 있었다. 붕괴 직전의 미국 경제 거품과 2001년의 비극적인 9·11 사태로 인해 상황은 더욱 나빠져 갔다. 언제나 그랬듯이 제품은 훌륭했다. 사실 그 어느 때보다 더 훌륭했다. 약속은 그대로였고, 브랜드는 유례없는 인기를 누리고 있었다. 그러나 비즈니스는 골칫거리였다. 그렇게 오랜 세월 회사가 제품과 고객에 기울여온 것과 똑같은 관심을 주주들에게 쏟음으로써 진화해온 역사에서 한 발자국 더 앞으로 나아가고 지속적인 위대한 회사를 만들겠다는 것이 레인의 결심이었다.

"우리는 남과 다르게 고객에게 봉사할 수 있는 실력을 확보했다. 우리는 더 잘 할 수 있고, 더 많은 곳에서 꼭 그렇게 할 것이다. 우리는 위대한 제품을 만들어냈다. 제품은 더 좋아질 수 있고, 우리는 그것들을 더 잘 만들 수 있다. 그러나 위대한 사업은 이룩하지 못했다."

지속적인 위대한 비즈니스를 이루기 위한 싸움은 존 디어가 세계적인 회사가 될 수 있도록 도운 이전의 특질로부터 바뀌는 것을 의미하지는 않는다. 오히려 존 디어를 위대한 회사로 만드는 기초 위에 한 켜를 더 쌓는 것이다. 핵심 가치 — 어떻게 비즈니스를 하는가 — 는 여전히 비즈니스 모델에 기초가 된다. 그리고 주주에게 초점을 맞춘다는 것은 해마다 이익금을 돌려주기 위해 존 디어가 고도의 성과를 올려야 한다는 뜻이다. 그것은 존 디어 방식이라는 비즈니스 요소에 자부심과 생산성을 추가하는 것일 뿐이다. 레인의 말이다.

"우리의 임무는 어떤 시장 상황 아래에서도 위대한 회사를 운영하는 것이다. 그것은 그저 존 디어 유산을 한 단계 더 높이는 것일 뿐이다."

■■■ 존 디어의 약속

존 디어 직원으로서 우리는 품질, 혁신, 성실성과 약속이라는 우리의 핵심가치에 진실되고자 한다. 1837년 최초의 연마한 철제 쟁기로부터 오늘날의 최첨단 혁신 제품에 이르기까지 사람들은 우리가 갖고 있는 최고의 것을 제공한다는 것을 믿는다. 이것은 우리의 유산일 뿐 아니라 우리의 목적이다. 고객과 직원과 주주에게 진정한 가치라는 예외적인 경험을 창조하게 하고 유지해주는 것, 이것은 우리의 유산일 뿐 아니라 우리의 목적이다.

우리는 우리가 사업을 하는 모든 곳에서 최고의 성과를 올리는 회사가 되려는 열정을 갖고 있다. 성과는 한 조직으로서 우리를 끌고 가는 추진력이다. 우리는 명확한 목표를 설정하고 개인으로서, 그리고 존 디어의 팀원으로서 그 목표에 도달할 책임이 있다. 그 대가로 우리는 우리의 행동이 창조한 보상을 나눠 가진다.

존 디어에서 성공은 한 순간의 것이 아니라 오랜 기간 지속하는 것이다. 우리는 지속적인 성과를 창출한다.

■■■ 초록색의 미래

존 디어가 사업을 시작한 지 두 번째 세기를 맞아 가정용품으로 사업을 확장하면서 받는 가장 큰 도전은 대대로 전해져온 가치에 대한 회사의 전통을 이해하는 문화를 유지하는 일일 것이다. 1980년대에는 직원 채용을 거의 하지 않았고, 현재 직원의 30% 이상이 20년 이상 근무했기 때문에 화이트 컬러 직원의 3분의 1이 10년 안에 은퇴하게 된다.

대학을 졸업하고 혹은 다른 환경에 있다가 이 회사에 합류하게 될 직원들도 물론 1837년 이래 회사를 지배해온 도덕과 비즈니스 모럴에 대한 약속이 자신들에게 요구되는 자격요건임을 발견하게 될 것이다. 그리고 그들은 존 디어라는 독특한 기업 세계에서 뛰어난 성과를 올리고 싶어 해야 한다.

"비결은 열정"이라고 샘 앨런은 말했다. "똑똑하고 고도로 훈련된 사람들을 얻을 수는 있다. 그러나 그 사람들을 열정적이게 만드는 것, 그것은 쉽게 얻어지는 것이 아니다."

궁극적으로 그들은 존 디어 성공의 비결이 해를 거듭하고 세대를 거치면서 여러 층을 이루며 쌓아져 온 회사의 유산이라는 사실을 이해하고 배워야만 한다. 그리하여 일리노이주 멀린의 한 작은 회사가 자부심과 생산성과 위대한 비즈니스를 통해 지속적인 성과를 올림으로써 세계 유수의 회사가 된 것임을 말이다.

평범한 사람에게서 평범하지 않은 결과를 이끌어내는 회사

사람은 누구나 건강하게 오래 살기를 희망한다. 무병장수하면서 누군가를 도울 수 있다면 큰 보람을 느낄 것이다. 게다가 남들로부터 존경까지 받는다면 성공적인 삶을 넘어 더없는 행복한 인생이 될 것이다.

기업도 창업과 위기, 성장과 쇠락의 점철로 운명을 향해 가는 것이 생로병사의 인생과 다를 바 없다. 하지만 기업이 '어떻게' 일을 하느냐에 따라 지속성장과 천 년을 이어갈 수 있다는 점은 부러울 뿐이다. 프랑스 르와르 지방의 샤토 드 굴랭 Chateau de Goulaine 이라는 포도주 업체는 1000년에 설립됐다고 하며, 세계에서 가장 오래된 기업이라는 일본의 곤고구미(金剛組)는 578년 설립돼 1431년이나 지난 지금도 사업을 영위하고 있지 않는가.

그렇지만 그것은 아주 특별한 경우에 해당한다. 일본의 〈니케이 비즈니스〉는 1896년 이후 100년간 일본 100대 기업의 변천사를 살펴본 바 자국 기업의 평균 수명이 30년 정도라고 하며, 1970년 〈포춘〉지 선정 세계 500대 기업 중 약 1/3이 겨우 13년도 지나지 않아 사라졌다고 한다.

우리나라 기업도 그와 별반 다르지 않아, 코스피 상장사 평균연령은 32.9세, 코스닥 기업은 16.7세라는 조사결과가 있다. 물론 1896년 창립되어 올해 113돌을 맞는 두산이나 동화약품(113년), 우리은행(110년), 성창기업(93년), 경방(90년) 등 장수기업들이 있지만, 현실은 국내 중소기업의 55%가 설립한지 10년이 채 안 될 뿐 아니라 중소 제조기업의 10년 생존율도 25%에 불과하다 한다.

이런 정글의 법칙이 지배하는 기업환경에서 장수를 누리고 계속 성공가도를 달리는 기업들은 단순히 운이 좋아서만은 아닐 것이다. 지속성장하는 그들에게는 어떤 비결이 있지 않을까?

내가 〈평범한 사람들이 만든 특별한 회사 존 디어〉를 만난 것은 행운이었다.

농업, 농기계 등의 단어가 왠지 낯설고 촌스럽게 느껴진다면 당신은 도시 출신이거나 농업과 거리가 먼 사람임에 틀림없다. 농촌에서 나고, 자란 사람에게는 이런 감정과 멀리 있다. 반대로 농촌에서 나고 자랐는데도 농업과 관련된 용어가 귀에 거슬린다면 자신의 뿌리를 부정하는 가치판단이 자리 잡고 있다고 보면 된다.

그러면 왜 이런 부정적인 가치판단이 생겨난 것일까. 모르긴 해도 가난과 불편 그리고 낙후된 환경에서 자란 경험이 막연히 대도시를 동경하게 만들었을 것이다. 그래서 막노동을 하더라도 도시로 나가 꼭 성공하고 싶었을 것이다. 그러나 세상이 생각대로 되어지는 경우는 많지 않다.

하지만 이 책은 농업과 관련한 기업이 얼마나 성공할 수 있는지를 보여준다. 그것도 대도시가 아니라 세계적인 기업의 본사가 인구 50만의 한적한 곳에 뿌리내리고 있다. 1837년 시골의 작은 쟁기 회사로 출발해 172년 동안 신뢰와 존경을 받으며 글로벌 기업으로 성장해온 존 디어는 땅과 땅에서 일하는 사람들에 대한 흔들림 없는 약속을 통해 가치와 지속의 주류 문화 아이콘으로 진화해왔다. 그들은 말한다.

"우리가 특별한 것은 사람들이 협동하게 하는 것이다. 평범한 재주를 가진 사람들에게서 평범하지 않은 결과를 끌어내는 게 이 회사의 특질이다. 4만6천 명이 서로 도우면 엄청난 결과를 얻을 수 있다."

미국 일리노이주의 멀린에 본부를 둔 이 〈포춘〉 500대 기업은 지금도 여전히 농업과 전원(田園)을 바탕으로 연간 매출 2백억 달러에 4만6천 명의 직원을 고용하고, 세계 160개국에 제품을 팔고 있다.

더욱 놀라운 것은 거의 2세기에 걸친 존 디어의 전체 역사에서 디어 가족 5명을 포함해 CEO는 8명뿐일 정도로 안정된 중역진은 물론 30년 이상된 직원이 너무 흔해 근속 20년 된 직원들이 스스로를 '신입사원'이라고 부를 정도로 세계 주요 기업 중 가장 신뢰할 수 있는 인력구조를 가졌다는 점이다.

그것은 품질로 이어져 많은 소비자들은 세대를 이어 지금도 여전히 존 디어의 트랙터, 콤바인 및 보조기구에 열정과 흔들리지 않는 신뢰를 갖고 있으며, 더 나아가 요즘 미국의 잘 나가는 의사, 변호사들의 꿈은 주말 골프가 아니라 존 디어 트랙터를 몰고 주말 농장 일을 즐기는 것이라 한다.

존 디어에 대한 신뢰와 존경은 이미 미국이라는 한 나라에만 국한되어 있지 않다. 그런 만큼 무한 글로벌 경쟁 시대를 살고 있는 국내 기업인은 물론 회사원과 자영업자, 농민들까지도 존 디어가 성장해온 172년은 되새겨볼 만한 가치가 충분하다고 본다. 품질을 중시하며 끊임없는 자기혁신, 고객과의 약속을 반드시 지키는 신뢰성, 문화를 포용하는 능력, 이해집단과 상생관계를 유지하는 존 디어만의 독특한 기업문화를 온 가슴으로 느꼈으면 하는 바람이다.

끝으로 이 책을 펴내는데 많은 도움을 준 W미디어와 농기계업체 관계자, 주말에도 함께 놀아주지 못한 아빠와 남편을 너그럽게 지켜봐준 나의 사랑하는 가족에게 미안하고 고맙다는 말을 전하고 싶다.

조동권

평범한 사람들이 만든 특별한 회사 존 디어

지은이 | 데이비드 머기

옮긴이 | 조동권

펴낸이 | 박영발

펴낸곳 | W미디어

등록 | 제2005-000030호

1쇄 발행 | 2009년 7월 31일

주소 | 서울 양천구 목동 907 현대월드타워 1905호

전화 | 6678-0708   팩스 | 6678-0309

E-mail : wmedia@naver.com

ISBN 978-89-91761-28-5   03320

값 10,000원

* 잘못된 책은 구입처에서 바꾸어 드립니다.